조직
문화로
승부
하라

조직문화로
승부하라

초판 1쇄 발행 2023년 10월 20일

지은이 이치민
펴낸이 정필규
마케팅 정필규
편 집 김정웅
디자인 롬디

펴낸곳 활자공방
출판등록 2017년 10월 11일 제 2017-000065호
주 소 (10126) 경기도 김포시 고촌읍 장차로5번길 5-25, 5층 584-1호(엔타운)
문 의 010-3449-2136
팩 스 0504-365-2136
납품 이메일 haneunfeel@gmail.com
일반문의 이메일 pvhs0415@naver.com

ⓒ 이치민, 2023
ISBN 979-11-962126-9-8 (03320)
값 18,000원

조직문화로 승부하라

이치민 지음

활자공방

프롤로그

    최근 우리 사회의 MZ와 꼰대의 세대 갈등 프레임은 현실의 변화를 오해하게 만들었다. 특정 세대의 문제가 아닌, 우리 사회 전반의 문화 변동이라는 점에 주목할 필요가 있다. 한국 사회는 산업화와 고도성장기인 '모더니즘'을 넘어 '포스트 모더니즘' 시대로 전환되고 있다. 먹고사는 물질 중심의 사고에서 심리적 안녕까지 포함한 웰빙을 추구한 지 이미 오래다.

    과거 모더니즘 시대에는 제조업을 중심으로 '명확한 정답이 있다'는 것을 전제로, 표준과 효율 그리고 속도를 중요한 가치로 여겼었다. 단일민족의 동질성을 기반으로 발달해온 고맥락 문화 덕분에, 위계적 구조에서 어른과 상사가 지시하면 묵묵히 수용하고 따르는 것을 미덕으로 여겼다. 집단의 가치를 위해 기꺼이 헌신하며, 구성원들 사이의 관계를 중요하게 생각했다. 덕분에 빠른 성장과 경제적 풍요를 누릴 수 있게 되었다.

    하지만 사회는 더욱 복잡하고 모호하며 변동성이 높아졌다. 전쟁과 테러, 금융위기와 팬데믹 등 전 지구적 위험에서 한시도 자유롭지 못한 상황이 되었다. 변화환경에 민첩하고 유연하게 대응하는 것이 중요해졌다. 과거와 달리 다양한 배경과 가치를 가진 사람들이 수평적 구조에서 복잡한 상호작용을 하게 되었다. 그래서 소통은 더욱 어려워졌고, 이해 충돌과 갈등이 꾸준히 증가하게 되었다. 빈곤의 문제보다는 삶의 질과 개인의 인권 그리고 공정성을 더욱 중요한 가치로 여기게 되었다. 정보통신기술의 비약적 발달은 전 세계를 더욱 가깝게 만들었고, 생활양식과 가치관도 서구화되었다.

서양에서는 MZ와 꼰대의 세대 갈등 이슈는 찾기 어렵다. 왜냐하면 이미 다양한 인종과 언어, 문화적 배경을 가진 사람들이 협업하고 시너지를 내며 사회문화를 이루어 왔기 때문이다. 개인의 다양성과 프라이버시를 주장하면서도, 타인을 존중하고 권리를 침범하지 않는 것을 원칙으로 삼았다. 등기와 공시 등의 명확한 규칙과 계약을 기반으로 낯선 사람들과 적극적으로 상호 작용할 수 있었다.

한편 그들도 승자독식의 과도한 경쟁과 딱딱한 이성과 논리로는, 사회적 갈등과 분열을 극복하기 어렵다는 점을 깨달았다. 때마침 1970년대 이후 세계무대에 혜성처럼 등장한 동양의 고맥락적 문화에 주목했다. 상대방과 객관적 사실뿐 아니라 감정과 의도까지 서로 공유하는 것이 많을수록 신뢰와 소통 수준이 높았다.

결국 동양과 서양 모두 각자의 장점을 잘 파악하고 활용한다면, 새로운 일터 환경에서 평화롭게 공존하고 원하는 목표를 효과적으로 달성할 수 있다.

리더는 목표달성에 대한 가장 중요한 책임을 진다. 이를 위해 구성원에게 영향력을 발휘하는 것이 리더십의 본질이다. 모든 것이 바뀌었기 때문에, 일방적 지시로는 구성원을 움직이지 못하는 현실이 되었다. 인간의 집단지향성과 사회적 상호작용의 특징을 고려해 볼 때, 조직문화를 통해 접근하는 것이 효과적인 전략이 될 수 있다. 모두가 최선을 다하는 분위기가 형성되면, 적당히 눈치만 살피며 일하기 쉽지 않다. 바람직한 행동을 유도하는 상황과 자극을 설계하면, 구성원이 자연스럽게 따를 가능성이 높아진다. 그러므로, 조직문화는 리더십 발휘의 유용한 전략이 될 수 있다.

목차

3장

우리 팀의 조직문화, 효과적인 구축 방법은 무엇인가?

4장

긍정적 직원경험을 이끄는 리추얼(Ritual) 만들기

5장

예측 가능성을 높이기 위한 규칙(Rule)을 만드는 방법

6장

애자일 하게 일하기 위한 소통 루틴(Routine) 만드는 방법

7장

참여와 실행력을 높이기 위한
라운드 테이블(Round Table) 만드는 방법

8장

경험과 성찰(Reflective Learning)을 통해
구성원과 조직의 성장을 돕는 방법

9장

조직문화의 변화(Renovation)를 이끄는 방법

10장

새로운 행동의 내재화를
강화(Reinforcement)하는 방법

1장

왜
조직문화인가?

모든 조직의 구성원들은 목표달성을 위해 계획적으로 협력한다. 이를 위해 명확한 목표를 수립하고, 각 구성원들은 특정한 역할과 책임을 나누어 진다. 그리고 서로 합의한 규칙과 절차에 따라, 효율적으로 일하며 시너지를 추구한다. 이 과정을 통해 다른 조직과 구별되는 고유한 문화를 형성한다.

어떤 사람의 행동을 예측할 때, 그 사람이 소속된 조직의 문화를 살펴보는 것도 유용한 방법이다. 왜냐하면, 인간은 자신이 속한 집단이 추구하는 가치를 수용하고 실천하는 특징이 있기 때문이다. 예를 들어 소방관이나 군인 또는 경찰관이 휴가 중에 위급한 상황을 만나, 보통의 주저하는 사람들과 달리 위험을 무릅쓰고 적극적인 구조 활동에 나섰다는 뉴스를 종종 접할 수 있다. 이처럼 조직문화는 구성원의 행동에 상당한 영향을 끼친다.

1　조직문화란 무엇인가?

문화는 인류의 생존과 발전 과정에서
축적된 모든 것이다

원시 상태의 인간은 외부의 위협과 생존의 불안을 극복하기 위한 최고의 전략으로 '집단'을 이루어 협력한다. 수렵과 채집을 위한 이동보다, 한 곳에 오랫동안 정착해서 생활하는 것이 생존에 유리했다. 밤하늘 달과 별의 위치와 강이 범람하는 것의 상관관계를 정확하게 예측하게 되면서 농경생활이 가능해졌다.

집단이 효과적으로 협력하기 위해서는 공통의 상징인 언어가 필요했다. 생존에 유용한 지식은 언어와 그림 등의 다양한 상징체계를 통해서

후손에게 전달됐다. 오랜 역사를 거치며, 생존에 필요한 모든 영역이 보다 세분화되고 정교화되면서 문명이 발전해 올 수 있었다.

문화에 대한 정의는 수없이 많다. 좁은 의미에서 문화는 '문화 생활 또는 문화 소식'과 같이 사용되는 '교양'으로 정의할 수 있다. 넓은 의미에서는 '인간의 모든 생활양식'을 지칭하는 개념으로 정의한다. 또 다른 관점에서 분류하자면 생존에 직접적으로 필요한 대상을 '물질문화'라 부르며, 인간 행동의 방향과 규범을 제시하는 것을 '정신문화'라고 한다. 이처럼 문화 앞에 어떤 수식을 넣어도 설명이 가능한 것과 같이 다양한 문화유형이 존재한다. 에드워드 B. 타일러는 문화를 '인간이 사회적으로 습득한 모든 것'으로 정의했다.

요약하자면, 문화란 자연과 달리 인간이 만들어낸 모든 생활양식을 의미한다. 문화는 인간의 사회적 행동, 예술, 종교, 법, 정치, 경제, 윤리 등 모든 면에 영향을 미친다.

조직문화는 구성원의 공통점이자, 다른 조직과 구별되는 차이점이다

- 구성원의 공통점

문화란, 어떤 집단이나 사회에서 공유되고 전해지는 공통의 가치, 믿음, 관습, 행동, 언어 등을 포괄하는 개념이다. 조직문화의 교과서라 불리는 에드거 샤인Edgar H. Schein은 조직문화의 구조를 3가지 수준으로 제시했다.

- **인위적 인공물**: 가장 위에 위치한 인공물artifacts은 해당 기업의 근무환경과 조직구조, 매뉴얼과 상징물 등을 포함한다. 특정 기업의 상징인 CI와 일관된 사옥의 디자인처럼 쉽게 관찰이 가능하다.
- **표방된 가치**: 조직이 공식적으로 표방한 가치인 목표와 전략, 철학 등을 말한다. 기업의 홈페이지에서 설명하고 있는 가치와 전략체계가 이에 해당한다.
- **암묵적 가정**: 마지막으로 가장 깊은 수준은, 구성원들이 암묵적으로 공유하고 있는 가정이나 신념, 가치관을 말한다. 조직이 가장 중요하게 생각하는 가치로 무의식적 수준에서 내재화되어, 구성원들의 행동과 의사결정에 자연스럽게 영향을 미친다.

변화 환경에서 다양한 구성원들의 행동과 의사결정을 구체적으로 열거List-Up하여 가이드하기 어렵기 때문에, 암묵적 기본가정은 효과적인 지침으로 기능한다. 매우 다양한 상황에서 상위 리더에게 일일이 의사결정을 요청하지 않더라도, 비슷한 형태 결과를 이끌도록 돕는다.

- 다른 집단과 구별되는 차별적 특징

만약 여러분의 일터에 '뱀'이 나타났다면 어떻게 반응할지 생각해보자. 무척 당황스러운 상황이 분명하다. 보통 이런 질문을 드려보면, "일단 긴급히 대피하겠다.", "방제실이나 119에 신고하겠다."와 같은 답변을 듣게 된다. 이때 특정 조직에 속한 사람이라면 어떻게 행동할지에 대해 질문하면 유사한 답변을 듣곤 한다. 예를 들면 다음과 같다.

- 질문: 여러분이 만약 삼성그룹에 근무하는 사람들이라면 어떻게 반응하겠는가?

  답변: 뱀에 관한 보고서를 작성한다.
- 질문: LG그룹 근무자들이라면 어떻게 반응할까?

  답변: 삼성이 처리하는 것을 확인하고 따라 한다.
- 질문: 현대차그룹 근무자들이라면 어떻게 반응할까?

  답변: 일단 때려잡고 본다.

실제 해당 그룹에 근무하는 구성원들에게 질문했을 때도, 비슷한 답변을 들을 수 있었다. 이는 각 그룹사의 특징이나 이미지가 비슷하게 인식

삼성	현대자동차	SK	LG	롯데
30대 초반의 지적인 남성	진취적이고 강인한 도시 남성	유행에 민감한 20대 중반 여성	대중적이고 친근한 남성	보수적이면서도 여성스러워
-30대 초반 둥근 얼굴을 가진 남성, 보통 체형, 세련된 정장 차림 연구개발직	-근육질 체형과 사각형 얼굴을 가진 30대 초반 전문 기술직 남성.	-둥근 얼굴, 유행에 민감한 캐주얼 차림, 20대 중후반 판매서비스직 여성.	-보통 체형인 30~34세 남성, 캐주얼차림의 친근한 연구개발직.	-마른체형, 세련된 정장 입은 20대 후반 판매서비스직 여성.
-지적, 권위적, 냉정하다	-진취적, 도시적, 강인하다.	-세련됨, 유행에 민감, 대중적	-유행에 민감, 대중적, 친근하다.	-대중적, 여성스러움, 보수적

[출처: 잡코리아, 2015. 11. 24.~12. 5. 조사결과]

되고 있음을 의미한다. 이와 비슷한 인식은 다양한 조사결과에서도 나타났다.

2015년 취업 포털 잡코리아에서 대학생 952명을 대상으로 주요 그룹사의 이미지에 대해 조사한 결과를 살펴보면, 각 그룹사의 특징을 잘 묘사하고 있음을 확인할 수 있다.

- 삼성그룹은 지적이며, 냉정한 이미지로 나타났다.
- LG그룹은 대중적이며, 친근한 이미지로 나타났다.
- 현대차그룹은 진취적이며 강인한 이미지로 나타났다.

- SK그룹은 유행에 민감하며, 세련된 이미지로 나타났다.
- 롯데그룹은 여성스러우며, 보수적인 이미지로 나타났다.

이처럼 조직문화는 해당 집단의 구성원 다수가 지니는 공통된 속성으로, 다른 집단과 구별되는 특징이 된다.

│ 경쟁 가치 모형을 통한 조직문화 유형 4가지 │

퀸Robert Quinn은 그의 동료 연구자들과 함께 경쟁 가치를 기준으로 조직문화의 유형을 4가지로 구분했다. 첫 번째 기준은 구조structure의 경직성에 따라 유연함과 통제 중심으로 나누었다. 두 번째는 조직의 관심사focus에 따라 내부 지향과 외부 지향으로 나누었다. 서로 대립되는 가치를 기반으

구분	위계형 조직문화 (Hierarchy)	시장형 조직문화 (Market)	공동체형 조직문화 (Clan)	혁신지향적 조직문화 (Adhocracy)
지향점	통제	경쟁	협력	창의성
리더십	조정자, 감시자	경쟁자	퍼실리테이터, 멘토	혁신자, 기업가
추구하는 가치	효율성, 적시성, 일관성	시장점유율, 목표성취, 수익	몰입, 소통, 성장	혁신적 성과, 변혁, 민첩성
단점	팀원의 사기 저하, 높은 이직률, 관리비용 상승 (중간관리)	높은 성과에 대한 스트레스, 팀원의 사기 저하, 팀원 관계 악화	팀 내부 경계의 모호함, 권위의 부족, 낮은 생산성	책임 소홀, 산만한 분위기, 정형화된 프로세스 부족

로 x, y 축으로 구분하여 혁신지향적 조직문화, 시장형 조직문화, 위계형 조직문화, 공동체형 조직문화 총 4개의 조직문화 유형을 도출했다.

산업사회 초기 제조업 중심의 정답이 있다는 전제 아래, 리더가 결정하고 구성원들은 지시에 충실히 실행하는 일방적 소통 방식이 '위계형 조직문화'에 해당한다. 산업의 특징상 호텔, 요식업 등은 빠르고 표준화된 방식이 필요하기 때문에 이를 채택했다.

2차세계대전 이후 빠르게 성장하는 서구 기업들은, 모든 관계를 이해관계로 이해하고 목표달성과 수익 창출이라는 측면의 거래로 정의했다. 고객의 니즈를 충족하기 위해서, 내부와 외부의 경쟁을 중요한 가치로 생각했다. 이것이 '시장형 조직문화'이다. 빠른 성장을 이끄는 데 유효한 문화였지만, 높은 스트레스와 구성원의 의욕이 낮아지는 부작용도 있다.

1960년대 이후 일본기업을 중심으로 비약적인 발전에 주목한 것이 '공동체형 조직문화'이다. 상사를 '오야붕'이라고 부르며, '종신고용제' 형태로 관계와 신뢰를 중요하게 생각했다. 동양의 집단주의적 고맥락 분위기에 해당하며, 종종 명확성이 낮다는 불만도 있다.

'혁신지향적 조직문화'는 최근 스타트업과 애자일 방식으로 일하는 모습에 해당한다. 외부환경 변화에 민첩하게 반응하기 위해 과제와 이슈 해

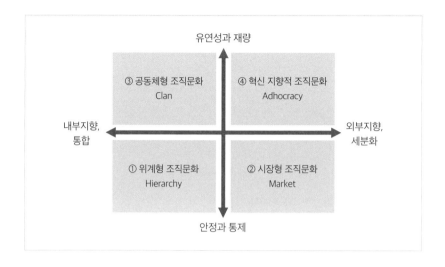

결 중심으로 모인 TFT와 같이 변화와 혁신을 추구한다. 종종 산만하거나 일상적이고 반복적인 프로세스가 부족하다는 측면의 단점도 있다.

여기서 주목할 부분은 '문화'에 대한 우열을 가르는 가치 판단은 유보해야 한다. 조직의 발달단계와 경쟁환경을 고려해서, 어떤 문화를 선택할지에 초점을 두는 것이 바람직하다.

- 전 사 차원의 지배문화와 팀 차원의 하위문화

국내 대기업의 공통 이미지를 토대로 살펴보았던 조직문화가, 하위 팀의 문화와 완벽하게 일치하지는 않는다. 상위조직의 영향이 높지만, 가장 구체적인 공동의 목표 아래 긴밀하게 협업하는 팀 문화는 고유의 차별되는 특징이 존재한다.

예를 들어, 우리는 인간사회의 보편적 속성을 갖고 있는 동시에 동양인 특유의 집단과 관계를 중시하는 고맥락적 소통을 해왔으며, 한국인 특유의 빠른 행동과 예의범절을 중시하는 특징을 갖고 있다. 상위 범주의 문화뿐만 아니라, 하위문화로 세분화된 특징도 보유하고 있다.

전 사 차원의 문화를 '지배문화Domain Culture'로 지칭하며, 구성원 다수가 공유하는 문화적 속성으로 볼 수 있다. '하위문화Sub Culture'란 같은 팀이나, 지리적으로 가까운 구성원들이 형성하고 있는 문화로 볼 수 있다.

회사 전체는 실적 악화에 따른 긴장감과 스트레스 지수가 높더라도, 어떤 팀은 직원들의 몰입과 만족감이 높을 수 있다. 왜냐하면, 해당 팀의 리더가 발휘하는 리더십 스타일에 의해 마치 '회사 전체에는 비가 오지만, 팀 구성원들에게 우산을 씌워주는 것'과 같은 효과를 경험할 수 있기 때문이다.

일반적으로 조직과 팀은 비슷한 개념으로 혼용하여 사용되지만, 조직은 소규모 집단 전체를 가리키는 상위의 집단으로 볼 수 있다. 이 과정에서는 구성원들이 공동의 목표달성을 위해 긴밀하게 협력하고 상호 작용하는 '팀 문화'에 초점을 두고자 한다.

- 소규모 팀 문화는 리더의 영향력이 결정적

글로벌 인사전문기관인 콘페리헤이그룹Korn Ferry Hay Group의 조사결과에 따르면, 리더가 발휘하는 고유한 리더십 스타일이 해당 조직문화 형성에 70% 이상 영향을 미친다. 예를 들어, 신속한 과업 추진을 중요한 가치로 생각하는 리더라면 권위적 의사결정 방식과 일방적 의사소통을 선호할 수도 있다. 이럴 경우 과업 중심적인 위계문화Hierarchy를 형성할 수 있다. 마치 가부장적 권위를 중시하는 가장이 엄격한 가풍을 형성하는 데 영향을 미치는 것과 비슷하다.

2   조직문화가 중요한 이유는 무엇인가?

| 조직문화는 구성원과 고객의 긍정 경험을 이끈다 |

조직문화는 고용시장에서 조직의 고용브랜드를 높이는 데 영향을 미친다. 매년 취업준비생들에게 '입사하고 싶은 기업'에 대한 선호도 조사를 하면, 해당 기업이 가진 조직문화 이미지와 일치하는 결과로 나타났다. 높은 보상 수준이 단연 1위였으며, 워라밸과 자율과 성장 가능성에 대한 니즈가 높게 나타났다.

팀 문화도 마찬가지이다. 사내공모제Internal Posting를 운영하는 조직의 경우, 해당 팀의 리더와 팀 문화에 대한 조직 내부의 평판과 밀접한 관련이 있다. 구성원 입장에서 선택할 수 있는 기회가 주어진다면 보다 매력적인 문화를 선호한다. 이는 훌륭한 인재를 유인Attract하는 것에 머물지 않으며, 몰입Engagement하도록 돕는다. 우수한 조직문화를 경험한 구성원들은 인터뷰를 통해 일터에 만족하고 있음을 언급하였다. 실제 진단과 조사결과 구성원들의 조직 만족도와 장기 근속률도 높게 나타났다.

국내외 많은 기업들이 자사의 조직문화에 대한 스토리를 만들어서 홍보에 활용한다. 본래의 제품과 서비스 마케팅뿐 아니라, 차별화된 문화를 기반으로 고객에게 긍정 이미지를 형성하기 위해 노력한다. 예를 들어, 전 지구적 환경과 사회 이슈 해결에 도움이 되는 방향으로 자사의 제품과 서비스를 변경한 기업들이 고객의 선택을 쉽게 받는다. 이케아, 파타고니아, 유니레버, 스타벅스 등이 좋은 예가 된다.

│　　조직문화는 구성원의 바람직한 행동을 유도한다　　│

누군가의 행동을 이해하고 예측하기 위해서는 3가지를 고려해야 한다. 첫째는 그 사람이 속한 집단의 문화이다. 어떤 영향 아래서 성장해왔고, 기대 행동을 요구받았는지 살펴보는 것이다. 둘째는 그 사람의 성격과 가치관이다. 개인적인 속성은 집단과 구별되는 행동 특징을 설명한다. 마지막 세 번째는 사건이다. 특정한 행동이 일어났던 당시 상황에서 외부의 특별한 자극이다. 이 세 가지 중 가장 쉽게 예측할 수 있는 것이 '조직문화'이다.

맹모삼천지교孟母三遷之敎는 환경의 중요성을 설명하는 좋은 예이다. 주위 명문가문, 명문학교, 명문기업 등에 대한 경험을 떠올려봐도 좋다. 시간이 바뀌고 구성원도 달라졌지만 오랜 세월 동안 지켜왔던 '명성'을 유지할 수 있는 비결이 바로 '해당 조직의 고유한 문화' 때문이다. 군인은 군인답게, 학생은 학생답게, 회사원은 회사원답게 행동하도록 요구받는다.

인간이 지닌 사회성과 집단 지향성은, 자신이 속한 조직이 지향하는 가치와 기대하는 행동을 수용하고 따를 가능성을 높여준다. 만약, 구성원들과 다르게 판단하고 행동하기 바란다면 필연적으로 갈등이 뒤따른다. 결국 해당 조직의 문화를 '따르거나 또는 떠나거나' 양자택일해야 하는 상황에 직면한다.

오늘날 조직의 다양성이 더욱 중시되고 있지만, 조직의 정체성과 공동의 목표 그리고 합의된 역할과 효율적으로 일하기 위한 프로세스의 경우 '공통성'을 양보할 수 없다.

조직문화는 목표달성과 경쟁 우위를 이끌 수 있는 차별화 전략이다

조직은 자연 발생적이며 구성원들의 관계를 기반으로 만들어진 1차 집단과 달리, 각자의 이해관계를 위해 규칙과 계약을 기반으로 만들어진 2차 집단이다. 모든 조직은 목표달성과 과업의 실행을 위해 만들어진 집단이다.

균형성과표BSC, Balanced Score Card 관점에서 조직의 성과 창출을 인과관계로 설명한다. 가장 먼저 구성원의 학습과 성장이 이루어질 때, 내부의 일하는 프로세스가 개선되고, 고객이 만족함으로써 궁극적으로 재무적 성과를 달성하게 된다는 관점이다. 실제 오늘날 전 세계 유수 기업들이 BSC를 도입하고 있으며, 설명력도 매우 높다.

주목할 부분은 '학습과 성장' 그리고 '내부의 일하는 프로세스'이다. 이것이 조직문화의 중요한 부분을 차지한다. 집단 구성원들이 공유하고 있는 기본 가정에 따라, 공통적으로 실천함으로써 다른 조직과 구별되는 특징이 된다.

이에 대한 실증적 연구결과를 살펴보면, 콘페리헤이그룹에서는 조직성과 모델을 통해 조직의 문화는 해당 조직의 재무적 성과에 30% 영향을 미친다고 보고했다. 최근 협업의 필요성이 증가하면서, 구성원들의 상호의존성과 자발적 지원 등의 긍정 조직문화는 구체적인 업무 생산성 향상과 성과 창출에 기여한다고 보는 시각이 보편적이다.

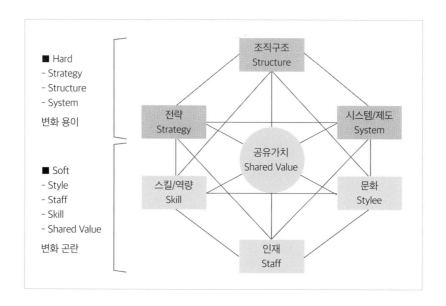

맥킨지의 톰 피터스와 그의 동료는 1982년 초우량기업 43곳의 성공 요인을 조사한 후, 7S 모델을 개발했다. 이를 기반으로 조직의 현재 수준을 진단하고 분석하여, 개선을 위한 해결방안을 체계적으로 수립할 수 있다.

하드웨어적 요소 3가지: 비교적 변화가 수월함

- 전략Strategy: 조직이 경쟁 우위를 유지하고 성공하기 위해 도출한 계획과 방향성을 의미한다.
- 조직구조Structure: 전략실행에 적합한 조직구조, 업무 분장, 보고체계 등을 의미한다.
- 시스템Systems: 조직의 제도, 프로세스, 규정, 매뉴얼 등을 포함하여 조

직 운영을 지원하는 시스템을 의미한다.

소프트웨어적 요소 4가지: 비교적 변화가 어려움

• 공유가치Shared Values: 조직이 공유하는 미션, 비전 등의 핵심 가치를 의미한다.

• 스킬Skill: 조직이 보유한 전사적 지식, 스킬 등의 경쟁력을 의미한다.

• 인재Staff: 조직의 인력 구성과 인적 자원 관리를 의미한다.

• 문화Style: 조직의 리더십 스타일과 문화, 의사소통 방식 등을 의미한다.

7S 모델의 Soft skill은 공유가치를 기반으로 한 조직문화와 관련이 깊고, '상대적으로 변화가 어렵다는 특징'이 있다. 그러므로 조직문화는 단기간에 모방할 수 없어 경쟁자와 차별화할 수 있는 수단이 된다.

3 문화는 어떻게 형성되는가?

| 조직문화는 오랜 시간 반복을 통해 구축된다 |

- 오랜 시간 반복을 통한 축적의 결과

문화는 해당 집단이나 사회의 지역적 환경과 사회적 상황, 역사적 경험 등에 따라서 다양한 형태를 갖게 된다. 바꾸어 말하자면, 집단이 환경에 적응하는 과정에서 생존에 유리한 방식을 선택하고 공유한 것으로 볼 수 있다. 문화Culture라는 말은 경작이나 재배를 뜻하는 라틴어 'Cultus'에서 유래했다. 다시 말해, 문화는 오랜 시간 동안의 반복을 통해 축적된 결과로 볼 수 있다.

- 집단의 문화는 개인의 성격과 유사함

문화는 개인의 성격과 비슷한 속성을 지니고 있다. 오랜 시간 반복을 통해서 축적되었으며, 외부의 다양한 자극에 대해 해석하고 판단하는 일관된 기준이 된다. 이를 통해 개인과 구성원의 행동을 높은 수준의 확률로 예측할 수 있다.

- 개인 또는 구성원의 행동을 예측할 수 있다.
- 오랜 시간 반복을 통해 축적되었다.
- 다른 개인 또는 집단과의 차이점이 된다.
- 외부 자극에 대한 인식과 의사결정의 판단기준이 된다.

| 공식적 또는 비공식적 학습을 통해서 전달된다 |

- 문화는 학습을 통해 전승됨

문화는 집단의 정통성을 유지하기 위해, 새로운 구성원의 온전한 사회화를 돕는 수단이 된다. 문화는 본능적으로 타고난 것이 아니라 후천적으로 습득한 것이다. 국가 또는 군대 등의 대규모 집단은 기존의 문화를 공유하고 일관된 전통을 유지해 나가기 위해 공식적인 교육제도를 운영한다.

이질적인 배경을 갖고 있는 사람이 새로운 구성원이 된 경우에도, 체계적인 교육과정을 통해 보다 빠르게 새로운 문화에 적응하도록 도울 수 있다. 회사조직이라고 하면, 신입사원과 경력사원들의 조기 적응을 돕기 위한 '신규입사자 입문교육과정'을 운영한다. 팀 배치 이후에는 OJTOn the Job Training를 통해서 팀 문화 적응을 지원한다.

가장 많은 시간을 차지하는 것은 비공식적 학습 기회이다. 일상생활에서 기존 구성원들의 행동을 관찰하며 체득한다. 대부분의 사람들은 '타인의 행동을 관찰'하고 '수용하고 모방'할 가능성이 높다. 쉽게 말해 '눈치'껏 행동한다. 다만 비공식적인 학습의 경우 개인의 주관적 해석에 따라 오해할 여지도 있으며, 시간이 너무 오래 걸린다는 단점이 있다. 빠르게 적응을 도우려면 공식적인 학습 기회에 꼭 필요한 내용을 빠짐없이 반영해야 한다.

- 포상과 징계를 통해 일관성을 유지함

우리의 전통 가운데는 '효자문과 열녀문'을 세워주는 등 '모범시민'에게 표창장을 수여하는 문화도 있었다. 소중한 가치를 실천하기 위한 행동을 장려하기 위해서인데, 다수의 구성원들에게 접근 동기를 유도하기 위한 목적도 있었다.

반면 구성원 모두가 반드시 준수해야 하는 공동의 가치를 훼손하는 경우, 다양한 형태의 처벌과 징계 조치를 한다. 중세시대 단두대의 처형이나, 조선시대 태형笞刑(육체에 가하는 형벌)을 구성원들이 직접 눈으로 볼 수 있는 장소에서 진행하기도 했다. 형법 제도뿐 아니라 소규모 모임에서도 '회칙'에 적절한 제재 조치를 반영하기도 한다. 이를 통해 문화의 일관성과 정통성을 유지한다.

| 외부 환경 변화에 따라 지속적으로 변동된다 |

- 전략적 정렬Strategic Alignment이 중요

조직문화는 조직이 추구하는 가치체계를 실천하는 과정에서 형성된다. 특히 조직이 중요하게 생각하는 핵심가치를 실천하는 과정에서 구현된다.

여기서 고려할 부분은, 외부와 내부의 환경 변화에 따라서 전략과 가치

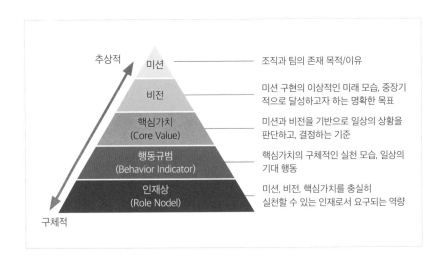

는 끊임없이 수정되고 보완된다는 점이다. 만약 환경이 바뀐 상황에서 과거의 전략을 고수한다면 실패의 원인이 될 수도 있다. 그러므로 민첩하게 변화함으로써 최적화 상태를 유지해야 한다.

- 디지털 세상이 만든 새로운 문화

에드워드홀Edwards Hall은 비교문화 연구를 통해 동양을 '고맥락 문화High Context Culture'로 정의하고 서양을 '저맥락 문화Low Context Culture'로 명명했다. 그는 동서양의 다른 특징에 주목했고, 이를 중심으로 설명했다.

동양은 동질성을 바탕으로 형성된 집단 중심의 문화적 특징을 갖고 있다. 한 지역에 정착하여, 집단이 힘을 합쳐야 하는 농경문화를 기반으로 발전해왔다. 이런 특징은 폐쇄성을 높이고, 수직적인 관계를 중시하게 만들었다. 이와 달리 서양은 이질성을 바탕으로 형성되었기 때문에 개인 중심의 문화적 특징을 보인다. 인종과 언어, 지역이 다른 사람들이 만나 서로 교

* Edward Hall(1959), 침묵의 언어

류하기 위해 명확한 계약을 기반으로 수평적인 문화를 형성하게 되었다.

세계 여러 나라의 언어와 문화는 해당 지역을 기반으로 고유한 정통성을 이어 올 수 있었다. 그러나 정보통신기술, 항공, 물류 시스템의 비약적인 발달은 전 세계 문화를 융합하고 서로 동조하게 만들었다. 예를 들어, 미국 실리콘밸리의 거대 기업인 구글과 애플 그리고 넷플릭스와 아마존 등은 전 세계인을 대상으로 실시간으로 다양한 서비스를 제공하고 있다. 시간과 공간, 언어의 장벽을 쉽게 넘어 하나의 시장으로 만들었다. 중국 알리바바 그룹의 계열사인 알리익스프레스는 단돈 천 원짜리 물건도 전 세계 어디든 무료로 배송하고 있다. 이에 따라 생활양식은 바뀌게 되었고, 세계인들의 '문화적 통일성' 또는 '공통점'은 더욱 빠르게 증가할 것이라는 점을 예상할 수 있다.

그래도 긍정적인 부분이 있다. 동서양의 문화가 상호 강점을 기반으로 새로운 환경에 적합한 문화로 재탄생하고 있다는 점이다. 우리가 속한 사회의 큰 변화인 만큼, 조직문화에도 영향을 주고 있다. 조직의 목표달성과 집단의 생존에 유용한 문화는 꾸준히 변동되고 빠르게 확대되는 속성이 있다.

- 조직문화의 새로운 구축과 변경을 위한 단계적 접근

오랜 경험을 통해서 만들어진 조직문화를 변화시킬 수 있을까? 물론 가능하지만 어려운 일이다. 왜냐하면 기존의 관성, 변화에 대한 막연한 두려움, 손실회피 성향 때문에 저항이 수반되기 때문이다. 그럼에도 조직문화는 리더와 구성원의 의도적이고 지속적인 노력을 투입하면 충분히 변화 가능하다.

새로운 핵심가치를 자연스러운 문화로 이끌려면 단계적 접근이 필요하다. 적어도 다음의 4가지 단계가 필요하다.

- 1단계 정립 단계: 핵심가치를 일상의 프로세스와 제도 등에 적용하여 구체화하는 단계
- 2단계 전파 단계: 구성원 모두가 동일한 개념과 행동수준을 이해하도록 하는 단계
- 3단계 실천 단계: 일상의 업무 활동 가운데, 적용해서 긍정적 결과를 얻는 단계
- 4단계 내재화 단계: 조직문화의 암묵적 가정으로 자연스럽게 실천하는 수준

전체 흐름의 핵심은, 구성원들의 참여와 공감을 통해 실천수준을 높이는 데 초점을 두어야 한다. 자연스러운 조직문화로 정착하기 위해서는 상당한 시간이 필요하다는 관점으로 중장기적으로 접근해야 한다.

2장

효과적인 조직문화는 어떤 특징이 있는가?

모든 조직은 존재 목적을 달성하는 것이 가장 중요하다. 다시 말해 장기적 관점의 비전과 연계된, 구체적인 목표를 달성해야 한다. 이것이 불가하다면, 팀과 조직으로 함께 일할 이유가 없다. 리더는 목표달성에 대한 가장 무거운 책임을 지는 사람이다.

그렇다고, 목표만 달성한다면 과정은 상관없다고 생각해서는 안 된다. 목표달성 과정에서 각자의 역할에 책임을 다하는 구성원들 입장에서도 각자의 기대Expectation, Interest, Individual Needs를 충족할 수 있어야 한다. 예를 들어, 약속한 금전적 보상Rewards뿐 아니라 존중과 자율성 그리고 성장과 성취감 등을 경험하고 싶어 한다. 그래야 더욱 몰입할 수 있으며 장기적으로 더 높은 성과를 달성할 수 있다. 조직과 개인 모두 원하는 것을 얻을 수 있을 때 파이가 커진다.

조직문화는 목표달성과 구성원의 몰입을 동시에 이루도록 돕는 효과적인 전략이 될 수 있다. 모든 전략은 특정한 환경에 적합할 때 효과성을 담보할 수 있다. 이번 장에서는 일터의 외부와 내부 환경 변화를 고려하여, 바람직한 조직문화는 무엇인지 사례를 통해 살펴보겠다.

1 VUCA 뉴노멀 시대, 민첩하고 유연하게 적응할 수 있는 협업 문화가 필요하다

최근 변화환경을 충실히 묘사하는 개념이 뷰카VUCA와 뉴노멀New Normal이다. VUCA란, Volatility(변동성), Uncertainty(불확실성), Complexity(복잡성), Ambiguity(모호성)의 앞 글자를 딴 신조어이다. 우크라이나 전쟁과 미국 금리 인상은 더 이상 남의 이야기가 아니다. 유류비와 대출이자 부담으로 우리 일상에 영향을 미치고 있다. 전 세계는 매우 복잡하게 연결되어 실시간으로 영향을 주고받고 있다. 기술은 발전했지만, 미래는 더욱 모호하고 불확실해졌다.

뉴노멀이란 2008년 글로벌 금융위기 이후 널리 사용되는 개념으로, 날마다 '새로운 기준'이 만들어지는 급속한 변화를 지칭한다. 변화가 동반하는 위험과 기회 속에서 경쟁자보다 민첩하고 유연하게 적응하는 능력이 생존을 결정한다. 기존의 방식을 고수해서는 현상 유지조차 어렵게 되었다.

우리는 일터와 삶터에서 전쟁과 팬데믹, 환율과 유가 등으로 과거 어느 때보다 불확실하고 변동성이 높은 시대를 경험하고 있다. 이런 이유 때문에 기존의 지식과 경험으로 해결하기 어려운 복잡하고, 예외적이며, 비정형적인 문제들이 급증했다.

전문성을 갖춘 리더라도 확신을 갖고 명쾌하게 의사결정을 하기 어려운 상황이다. 다양한 구성원들의 참여가 절실하다. 팀 내부의 힘으로 어려운 경우, 외부의 낯선 사람들과 긴밀한 협력을 통한 해결이 필요하다.

변화환경에 적합한 조직문화는 민첩하고 유연한 적응력이다. 특히 다양한 사람들과 효과적으로 소통하고 협력해서 낯선 문제를 해결하는 것에 익숙한 문화가 필요하다.

[조직문화 사례]

첫째, 민첩하고 유연하여 적응력이 높은 문화

* **스포티파이(Spotify):** 스포티파이는 음악 스트리밍 서비스를 제공하는 플랫

폼 기업이다. 그들은 조직 규모를 작고 자율적인 형태로 설계했다. 이런 팀을 '스쿼드(Squad)'라고 부르며, 개발자와 디자이너 그리고 품질담당자 등 서로 다른 역할로 12명 이내로 구성한다. 프로젝트 추진 과정의 속도와 명확성을 높이기 위해 스크럼(Scrum)미팅과 칸반(Kanban) 작업보드를 활용한다. 스크럼은 매일 진행하는 짧은 회의를 말한다. 이때 팀원들은 각자의 과제 추진 상황을 공유하고, 문제 해결에 대한 아이디어를 공유한다. 칸반 보드는 과제별 현재 추진 상태를 시각적으로 확인할 수 있는 현황판을 의미한다. 이를 통해 팀원 모두가 업무량을 예측하고 병목 현상을 파악함으로써 우선순위를 효과적으로 조절하도록 돕는다. 스포티파이는 모든 프로젝트 개발 방식에 애자일 방법론을 적용함으로써, 새로운 실험과 그 과정에서 학습을 돕는 문화를 정착시켰다.

 * **넷플릭스(Netflix)**: 넷플릭스는 높은 수준의 자율성과 책임을 가진 팀을 구성하고, 명확한 OKR을 설정하여 결과 지향적인 업무를 수행한다. OKR은 Objective(목표)와 Key Results(주요 성과 지표)로 구성된다. 조직 전체가 지향하는 비전과 목표를 기반으로, 각 팀별로 자율적으로 OKR을 설정하고 추진하도록 허용함으로써 의사결정 권한을 분산시키고 창의성과 혁신을 장려한다. 매주 목표와 성과를 점검하는 미팅을 통해서, 성과를 측정하고 상황에 따라 우선순위를 조정하거나 문제 해결에 집중한다. 이런 일하는 방식이 외부환경에 민첩하게 적응하는 문화를 형성하도록 도왔다. 종종 새로운 실험과 시도 가운데 실수한 것이 있더라도, 이를 통해 학습하는 문화를 장려한다. OKR 방식은 목표와 성과에 대한 투명한 커뮤니케이션과 협력을 촉진하기 때문에, 다양한 팀과 개인이 서로 협력하

고 자발적으로 도움을 주고받는 문화를 이끌었다.

둘째, 협업과 성장을 촉진하는 문화

* **마이크로소프트(Microsoft):** 마이크로소프트는 2013년 인사 담당 부사장인 리사 브룸멜(Lisa Brummel)의 주도로 구성원의 육성과 성장을 중시하기 위해 인사 제도 전반을 혁신했다. 그 지향점은 구성원의 성장과 협업 촉진이었다. 기존의 상대평가 제도의 경우, 동료를 경쟁자와 적으로 생각하도록 만드는 결과를 초래했다. 이런 이유로 자발적이고 충실한 협업을 기대하기 어려웠다. 절대평가 제도를 도입하는 것과 구성원의 강점과 성장 가능성에 초점을 둔 상시 피드백 문화를 유도했다. 평가의 방식도 계량적 KPI 달성률 중심에서, 협업에 대한 서술형 평가를 확대했다. '나는 동료를 이렇게 도왔다. 동료의 성과를 활용해 더 큰 성과 창출과 영향력을 발휘했다.'는 에세이 형식이었다. 구성원의 새로운 혁신을 위한 시도와 창의성을 장려하기 위해, 아이디어 제시와 실험을 격려하고 인정하는 제도를 도입했다. 덕분에 '구글에게 주도권을 빼앗겼던 잃어버린 10년'이라는 상대적 침체 기간을 극복할 수 있었다.

* **GE(General Electric):** 2015년 전통적으로 9블럭 매트릭스를 통한 인재관리와 상대평가 제도로 유명했던 GE의 경우도, 경직된 문화보다 유연하고 적극적인 문화를 이끌기 위해 상대평가 제도로 전환했다. 평가지표의 경우도, 구성원의 다양한 측면을 포용하기 위해 리더십, 학습능력, 성장 등도 고려하도록 확대했다. 기

존의 연 1회 평가 방식에서 6개월 또는 3개월 단위로 주기를 단축했다. 무엇보다 구성원 입장에서는 보다 자주 양질의 피드백을 받고, 성장할 수 있는 기회를 제공받도록 유도했다. 구성원의 성장을 통해 목표를 달성하는 선순환 구조를 정립하려는 의도였다.

* 팀 중심 활동을 촉진하는 토요타(TOYOTA): 토요타는 팀 기반 작업을 강조하는 회사로 유명하다. 각 팀은 특정 작업 또는 프로젝트를 수행한다. 이 과정에서 상호 협력하여 목표를 달성하는 것이 자연스러운 문화이다. 팀원들은 상호 지식과 경험을 공유하는 과정을 통해 효율적으로 작업을 수행한다. 카이젠(Kaizen)은 지속적인 개선을 강조하는 그들의 문화를 상징한다. 제조 현장의 다양한 문제 해결 과정에 구성원들이 자발적으로 참여하고, 정기적 팀 미팅을 통해 문제 해결 방안을 토의하여 탐색한다. 모든 공정은 상호의존적으로 설계되어 있기 때문에 원활한 의사소통과 정보 공유는 '부분의 최적화'를 넘어 '전 사적 최적화'의 성공을 결정하게 된다.

2 빅데이터와 인공지능이 만드는 디지털대전환, 창의성과 새로운 시도가 필요하다

인류의 오랜 역사는 농업혁명과 산업혁명 과정을 통해 선진화되고 과학화되었다. 초기 산업혁명은 힘의 원천이 되는 동력을 혁신하면서, 더욱 높은 효율을 얻을 수 있었다. 무엇보다 디지털 세상으로의 전환은 과거와 전혀 다른 형태로 세상을 변화시켰다.

0과 1의 단순한 2진법의 연산 속도가 빠르게 향상되면서, 현실의 정보를 디지털로 전환하는 수준에 머물지 않고 디지털 정보를 구체적인 현실로 구현하는 것까지 가능해졌다. 3D프린터와 로봇, 자율주행 시스템 등 과거에 상상 속에 존재하던 것들이 상품과 서비스로 판매된 지 이미 오래다.

현실의 수많은 정보들을 디지털 정보로 전환하고 빅데이터를 클라우드 환경에 저장할 수 있게 되었다. 게다가 똑똑한 인공지능을 통해 원하는 시간과 장소에 구체적인 결과로 재현해 낼 수 있는 시대가 도래했다. 인공지능은 인간의 능력으로는 더 이상 기억하기도 어렵고, 연산이 불가능한 많은 문제들을 빠르고 정확하게 처리하고 있다. 그 속도와 정확도는 상상보다 빠르게 개선되고 있다. 일터의 단순하고 정형적인 프로세스도 이미 로봇과 키오스크 등이 사람을 대체하고 있다.

비상장 스타트업의 기업 가치가 1조 이상이 될 때 '유니콘 기업'이라 부른다. 과거에는 풍부한 자금과 자원을 가진 선진국에서 가능했지만, 지금은 중국과 인도 등 전 세계 여러 나라에서 꾸준히 배출되고 있다. 다양한 정보와 아이디어만 있으면 누구라도 새로운 비즈니스를 멋지게 구현할 수 있는 환경이 되었다.

전통적인 제조업이나 과거의 산업도 스마트팩토리와 메타버스 환경으로의 전환을 모색하고 있다. 우리 정부를 비롯한 전 세계 다수의 국가에서 전자정부, 디지털전환을 선언했다. 모든 산업은 인간의 욕구를 충족시키기 위한 '만물서비스' 업으로 진화되고 있다.

초개인화가 된 세상으로, 다양한 제품과 서비스를 각자의 요구에 정확하게 맞추어 제공하는 방식도 주목받고 있다. 서로의 관심사에 따라 지구상 모든 지역의 사람들과 마음만 먹으면 실시간 연결과 소통도 가능해졌다. 현실과 가상 세계의 경계가 점점 모호해지고 있다.

이제 일터에서 디지털 세계로의 발 빠른 변화와 혁신을 이끄는 창의성과 학습 능력이 더욱 중요한 문화가 되었다.

[조직문화 사례]

* 창의적 활동을 허용하는 구글(Google): 구글은 구성원의 학습을 촉진하기 위해 다양한 프로그램과 자원을 제공해 온 것으로 유명하다. 근무 시간 중 20%를 개인 프로젝트에 할애하도록 허용하는 정책은 구성원들의 자기 개발과 혁신을 촉진하는 데 유용하게 작동했다. G메일, 애드센스, 구글뉴스 등은 구성원들의 창의적 활동을 통해 새로운 서비스로 출시된 대표적인 사례이다. 구성원의 보다 자유로운 시간과 공간 활용을 도움으로써 그들이 주도성을 갖고 창의적 혁신과 탐구를 할 수 있게 만든다.

* 학습과 성장을 지원하는 아마존(Amazon): 아마존은 "Learn and Be Curious(학습하고 호기심을 가져라)"라는 슬로건을 통해, 학습을 조직문화의 핵심 요소로 삼고 있다. 내부 교육과정, 세미나, 워크숍 등을 통해 구성원의 학습과 역량 개발을 지원하고, 지식 공유를 위한 툴과 플랫폼을 제공한다. 또한 실패를 받아들이고 배우는 문화를 조성하여 조직적인 학습을 장려하고 있다. 내부의 다양한 개인 경험에 속하는 암묵지를 효과적으로 축적하고 관리함으로써, 조직의 공

식적인 자산으로 만드는 지식경영을 활발하게 추진하고 있다. 이런 모습은 학습과 성장이 조직의 목표달성에 구체적인 기여하는 전략이자 장기적 성과라는 점을 말해준다.

* **패스트웍스(Fastworks)를 추구하는 GE(Generic Electric):** GE는 소프트웨어 기업으로의 전환을 선언한 이후 기존의 제조업 분야에 디지털과 연계한 폭넓은 서비스를 고안해왔다. 구성원들에게 다양한 아이디어를 적극적으로 제안하고 새로운 프로젝트를 추진해 볼 수 있도록 문화를 조성하였다. 빠른 실험과 학습을 통해 새로운 상품의 프로토타입을 개발하고 고객의 피드백을 수용하여 지속적으로 개선했다. 이런 패스트웍스 방식으로 불확실한 시장에 민첩하게 대응하고 혁신적인 제품과 서비스를 출시했다. 예를 들어, 풍력발전 시스템을 제조하여 공급하던 과거의 방식에서 'Predix' 플랫폼을 활용하여 고객의 장비 활용 현황을 모니터링하고 분석하는 과정을 통해 부품 교체와 유지보수에 대한 사전 안내 등의 서비스를 제공하여 부가가치를 올리고 있다. 고객사의 일정 관리와 비용 절감, 생산성 향상을 도울 뿐 아니라 자사의 성과도 높이는 데 크게 기여하고 있다.

3 코로나 팬데믹 이후 유연한 근무 방식과 심리적 안전감이 더욱 중요해졌다

코로나 팬데믹 때문에 사상 초유의 사회적 거리두기를 처음 시행했다. 개인 위생과 안전에 대한 불안감이 커지면서 항상 마스크를 착용하고 지냈다. 이 기간 동안 회사와 학교 등의 조직에 새롭게 적응했던 사람들은 구성원들과 5감각을 동원한 대면 소통을 하기 어려웠다. 일터와 배움터에서는 기존의 대면 방식과 달리 원격근무와 온라인 학습 방식을 도입했다. 일상생활에서도 큰 변화가 있었다. 집콕 생활로 거의 모든 제품과 서비스를 배달로 이용했고, 홈트레이닝이나 OTT 서비스 이용도 급증했다.

이 과정에서 우리 사회의 보편적 정서는 불안감이 되었다. 각자 고립된 공간에서 지내며, 마치 플라톤의 동굴 속에서의 삶처럼 안전에 대한 걱정과 두려움을 느끼게 되었다. 원격근무를 하는 구성원들은 '지금 나의 상황을 알고 있을까?'라는 불안감에 자리를 쉽게 비우지 못했고, 리더들도 '일이 문제없이 완수될 수 있을까?'라는 불안감에 진척도 관리 시점을 고민했다.

3년간의 긴 팬데믹의 공식적인 종료가 선언된 이후, 일상 회복이 빠르게 진행되었다. 그러나 구성원들은 유연한 근무 방식이 계속 이어지기를 희망하고 있다. 실제 원격근무 방식에 빠르게 적응하면서 업무 효율성도 확보할 수 있었고 자율성도 경험할 수 있었기 때문이다. 물론 구성원들의 소속감과 신뢰, 협업의 효율성을 고려해 대면근무의 중요성도 다시금 확인하는 계기가 되었다. 덕분에 많은 기업들이 '대면근무와 원격근무' 방식의 장점을 혼합한 '하이브리드 방식'을 채택하는 경우가 늘었다.

지식기반 산업이 더욱 확대되는 가운데, 일터의 생산성은 몰입과 창의성이 결정한다는 점에 반대하는 사람은 거의 없다. 불안감과 고립감이 높은 최근 일터 환경에서는 과거 어느 때보다 심리적 안전감과 안정감이 중요해졌다. 팀 안에서 효과적으로 협업하기 위해 동료들 간에 상호 친밀감과 신뢰를 확보하는 문화는 이를 돕는 데 유용하다.

[조직문화 사례]

* **하이브리드 근무 제도를 도입한 사례:** 구글은 2020년 12월부터 도입하고, 매주 3일만 사무실 출근을 의무화하고 이외에는 자유롭게 원격근무를 하도록 했다. 페이스북도 2021년 6월 도입 후 구성원들이 원하는 곳에서 일할 수 있는 선택 권한을 제공했다. 다만 사무실 출근이 꼭 필요한 일부 직무에 대해서는 예외를 적용하고 있다. 마이크로소프트는 2020년 10월부터 도입하였고, 유연 근무에 적합한 환경을 제공하였다. 국내에서도 다수의 대기업들이 거점오피스를 운영하며, 업무 상황에 맞게 자율적으로 선택하도록 권고하는 사례들이 증가했다.

* **잡담을 권장하는 깃랩(GitLab):** 미국의 IT기업 깃랩(Gitlab)은 100% 원격근무 기업이다. 회사는 팀의 시너지를 높이고자 소통 활성화를 위해 꾸준히 노력해 왔다. 회사의 소통문화 우수사례에 선발된 팀 중에는, '매일 30분씩 주제를 정해 구성원들이 서로 잡담'하는 시간을 루틴으로 운영하는 경우가 있었다. 서로 다른 환경에서 고립된 느낌을 받는 것이 일상이지만, 함께 같은 시간에 대화하는 과정을 통해 '소속감과 동료애'를 경험할 수 있었다. 과업 중심의 대화가 주는 긴장감으로부터 자유로운 잡담시간은 개인적 관심사와 일상의 경험을 나누며 서로의 공통점을 발굴하고 이해하는 데 유용했다. 덕분에 협업과 성과도 높아졌다.

* **동료와의 긍정 경험을 지원하는 베이컨 헬스케어(Bacon Healthcare):** 미국에 본사를 둔 의료 기술 회사로, 직원들 간의 협업과 동료 사이의 연대감을 강조하

는 문화를 가지고 있다. 회사는 "동료는 최고의 복지다."라는 가치를 중심으로 다양한 제도와 프로그램을 도입하여 동료 사이의 상호 지원과 웰빙을 촉진하고 있다. 동료 간의 지원을 촉진하기 위해 새로 입사한 직원을 위한 멘토링 프로그램을 운영하여 기업 문화에 빠르게 적응하고 동료와의 관계를 형성할 수 있도록 도움을 준다. 회사는 또한 동료 간의 인정과 칭찬을 장려하기 위해 동료 포상제도를 운영한다. 공동의 목표달성에 우수한 성과를 내는 데 기여한 동료를 공식적으로 인정하고 포상한다. 이를 통해 동료들 간의 협력에 대한 동기를 촉진해왔다. 이외에도 팀 빌딩 활동을 지원하고, 함께 참여할 수 있는 다양한 이벤트도 개최하여 소속감과 친밀감 형성을 위해 노력하고 있다. 동료들과 공유하는 긍정 경험의 기회는 몰입과 협업에 도움이 된다.

4 디지털 네이티브의 인정과 포용이 필요하다

최근 일터에서 MZ세대와 꼰대 이야기가 끊이지 않고 있다. 각자의 입장에서 불편하고 부정적 특징을 희화화한 개념이라 유쾌한 뉘앙스는 아니다. 일부 기성세대와 리더들은 자신들의 젊은 시절과 크게 다르지 않은 현상으로 보기도 한다. 우리가 오랫동안 경험했던 신구세대의 갈등으로 볼 수 있을까? 나는 '확실히 다른 현상'으로 본다. 왜냐하면, 사회적 변화가 동반된 상황이라 본질적으로 다르게 접근해야 한다.

예를 들어, 과거의 젊은 세대들은 기성세대와 일터의 오래된 질서에 따라 '눈치와 염치'를 살피며 일방적으로 적응해야 했다. 하지만 지금은 달라졌다. 기성세대와 일터의 문화 모두가 젊은 세대에게 익숙한 디지털로 급격하게 전환하고 있기 때문이다. 요약하자면, 디지털 세상으로의 전환

과정에서 일어난 문화 변동 이슈로 봐야 한다.

지금 일터의 새로운 주역이 되고 있는 90년 이후에 태어난 젊은 세대들은 디지털 세상의 원주민Native으로 태어났다. 그들의 유년 시절 기억 속에는 이미 인터넷과 휴대전화가 보편화된 세상이었다. 반면 이전 세대들은 아날로그 세상의 원주민으로 태어났다. 일부는 디지털 세상으로의 전환 과정에서 얼리 어답터가 되어 민첩하고 유연하게 정착한 사람들도 있다. 하지만 절대 다수의 사람들은 기존 질서에 대한 미련과 새로운 변화에 대한 두려움으로 주저하고 있는 '디지털 이민자Digital Immigrants' 신세다. 미국의 미래교육학자 마크 프렌스키Marc Prensky는 2001년 '디지털 네이티브'라는 용어를 처음으로 사용했다. 디지털 네이티브는 마치 모국어를 사용하듯 익숙한 디지털 세상의 주인으로 성장해왔다.

MZ세대의 사회적 이슈를 강조하지만, 유럽과 아메리카 대륙 그 어디에서도 비슷한 고민을 찾아보기 어렵다. 왜냐하면, 상하이와 도쿄 그리고 서울을 중심으로 한 동양의 고맥락 문화에서만 심각한 사회문제가 되었기 때문이다. 서양에서는 이미 서로 인종과 언어, 문화적 배경이 다른 사람들이 오랫동안 공존하며 살아왔기 때문에 디지털 세계로의 전환 속에서 일어나는 저맥락 문화가 낯설지 않다. 과거 우리는 집단주의적 가치에 오랫동안 익숙했지만, 현재는 개인주의적 가치를 중시하게 되었다. 과거에 정보는 힘과 권력의 상징이었지만, 디지털 세상에서는 누구라도 손쉽게 정보를 얻을 수 있게 되었다. 네트워크와 디지털기기만 있으면, 어디에서나 일할 수 있는 환경이 되었다. 평생직장에 대한 충성심보다는 유목민의 커리어를 선호하며, 자유로운 이직을 통해 주관적 가치를 실현하기도 한다.

공교롭게도 우리나라의 디지털 네이티브들은 성장 과정에서 1997년 IMF와 2008년 글로벌 금융위기 등 다양한 어려움을 경험했다. 최근 코로나까지 경험하며, 치열한 경쟁을 뚫더라도 안정적 삶을 확실하게 이어 나가기 쉽지 않다는 현실 인식에 N포세대가 되기도 했다. 불안감이 높았기 때문에 현실의 확실한 생존과 구체적인 이익에 관심이 높다. 성장에 대한 관심도, 노동시장에서 자신의 몸값을 높임으로써 보다 안정적인 지위를 확보하고 싶은 불안감의 또 다른 이면으로 이해해야 한다. 거기다가 2002년 월드컵의 광장 축제와 미군 장갑차에 억울하게 사망한 효선이 미순이를 추모하는 촛불은, 정해진 기존의 질서를 일방적으로 수용하도록 강요하는 '답정너'에 저항하게 했다. 이후 광장의 촛불 경험은 정치와 경제에 영향력을 발휘할 수 있다는 확신 속에서, 자신의 이해관계와 밀접한 의사결정 과정에 '참여'하고자 하는 욕구를 더욱 강화시켰다.

이처럼 일터와 시장의 주축이 되고 있는 디지털 네이티브들은 기존 세대와 구별되는 경험과 가치관을 갖고 있다. 마치 인종과 언어가 다른 사람들이 팀을 이루어 성과를 내는 다인종 국가의 모습과 닮아가고 있다.

그들이 몰입하고 함께 공존하기 위해서는, 그들의 기대치인 심리적 안전감과 성장, 그리고 참여 기회를 제공하는 문화를 구축해야 한다.

[조직문화 사례]

* **심리적 안전감을 높여주는 문화, 구글(Google):** 구글은 최고의 팀을 이루는 핵심 요소가 무엇인지를 조사한 끝에, 심리적 안전감이 높은 조직이라는 점을 확인했다. 그래서 상사와 동료들에게 자신의 솔직한 의견을 전달하더라도 비난하거나 책임을 요구하지 않을 것이라는 안전감을 약속하기 위한 그라운드룰을 만들어 실천하고 있다. 구글은 새로운 아이디어를 시도하고 실패하더라도 처벌하지 않는다. 실패 부검 과정을 통해서, 새로운 학습을 유도하고 성장하도록 기여한다면 그 또한 훌륭한 성과로 인정해준다. 그뿐만 아니라 개인의 생활양식과 취미 등을 존중하기 위한 다양한 편의를 제공하고 있다. 불안이 일상이 된 요즘, 심리적 안전감은 가장 기본이 되는 문화로 볼 수 있다.

* **구성원의 성장을 지원하는 문화, 에어비앤비(Airbnb):** 에어비앤비는 구성원들의 역량 개발을 위해 사내 대학을 운영한다. 구성원들은 직무와 리더십 역량 개발 프로그램을 선택하여 참가할 수 있다. 그리고 자신의 관심사에 따라서 회사 내부 다른 부서의 사람들과 소통하고 문화적인 교류를 할 수 있는 체험 프로그램을 운영한다. 장기적 관점의 경력 개발을 위한 구체적인 경험을 제공한다. 이와 관련하여 사내공모제와 이동제도를 통해 새로운 역할에 도전할 수 있는 기회를 제공

한다. 특히 일상의 멘토링과 코칭 프로그램 운영을 통해서, 내부 전문가의 조언과 지도를 받을 수 있도록 매칭해주는 프로그램을 운영하고 있다. 매년 모든 구성원들에게 360도 다면피드백과 평가 프로세스를 운영하여, 성과 개선과 성장을 돕는다. 상사나 팀원들로부터 받는 피드백을 통해 자기 인식력을 높이도록 돕는다. 『이기적 직원들이 만드는 최고의 회사』의 유호현 저자는 에어비앤비에서의 경험을 이야기한다. 입사 첫날 자신의 상사가 "당신의 다음 커리어 목표는 무엇인가?"라고 물었다고 한다. 우리에게는 낯설지만, 구성원의 솔직한 기대를 확인하고, 성장을 위한 구체적인 도움을 약속하는 과정은 일터에서 리더가 구성원에게 제공할 수 있는 가치를 보다 명확히 하는 방법이다.

*** 참여적 의사결정 문화, 홀푸즈마켓(Whole Foods Market)**: 홀푸즈마켓은 과일과 야채, 생선과 고기 등의 다양한 식품을 판매하는 오프라인 마트 체인점이다. 누구를 우리 배에 태울 것인가? 채용 단계부터 의사결정에 참여하도록 하는 홀푸즈마켓은 참여적 의사결정 문화의 대표적인 사례가 될 수 있다. 인턴 기간에 함께 일했던 동료들의 참여적 의사결정을 통해서 최종 채용 의사결정을 한다. 경영진과 리더가 채용하더라도, 실제 일터에서는 동료들과 협업이 훨씬 중요하고 빈번하기 때문이다. 기존의 팀 문화를 고려해, 적응 가능성을 판단하고 채용 후보자에 대한 포용을 약속하는 의사결정이 된다. 수산물과 과일, 정육 코너별로 다양한 프로모션을 기획해서 자율적으로 시행한다. 각 점포의 코너 담당자들은 폭넓은 권한을 위임받고, 주도적으로 업무를 처리한다.

5 새로운 사회적 이슈를 위한 법규 증가, 존중과 수평적 조직문화가 필요하다

'저녁이 있는 삶', 일과 삶의 균형을 추구하는 모습은 이젠 자연스러운 일상이 되었다. 주52시간 제도의 시행과 직장 내 인격권 강화에 대한 노동 법규는 최근 몇 해 동안 꾸준히 증가했다. 종종 무리한 서비스를 요구하는 갑질 손님과 상사, 거래처의 부당한 요구를 다룬 뉴스가 소개되곤 한다. 그 이후에는 예외 없이 시민들의 비난 섞인 피드백이 급증한다. 과거의 속도와 양을 중심으로 한 성과주의는 우리의 전통적인 위계문화와 일치했다. 그러나 성장이 정체되고 품질과 존중에 대한 기대치가 높아지면서, 기존의 문화는 힘을 잃어 가고 있다. 수평적 문화를 지향하는 사람들이 증가했기 때문이다. 그 중심에는 다양성에 대한 차별 없이 존중을 추구하는 사회적 가치가 자리 잡고 있다.

2014년 세월호 참사 이후에 사회 전반의 안전 관련 규정들이 보다 강화되었다. 게다가 코로나가 확인해 주었던 전 세계인의 상호 의존성 덕분에, 글로벌 환경 정책에 의해 환경과 안전 등에 대한 기준이 엄격해졌다. 김영란법 외에도 중대재해처벌법도 강화되었다. 결과뿐만 아니라 과정도 중요하다는 점을 분명하게 강조하는 메시지다. 최근에는 의사결정 과정의 투명성, 공정성 등까지 확대한 ESG 경영을 실천하는 기업들도 증가했다.

복잡하고 다양한 사회상을 반영한 갈등을 예방하고 원만히 해결하기 위한 법규는 앞으로 더욱 증가할 것이 분명하다. 일터에서도 근로계약으로 관계를 시작하게 된다는 점을 보다 명확히 하고 있다. 독일의 사회학자 퇴니스가 이미 오래전 예고했던, 원시사회에서 계약기반 사회로의 전환이 더욱 가속화되는 셈이다. 한편 소수자와 약자 입장의 권리를 강화하고, 투명한 절차를 통해 공정성을 높이기 위한 시도는 바람직한 방향이 분명하다.

규칙 준수는 이질적인 사람들이 평화롭게 공존하도록 만드는 데 기여한다. 다양성과 잠재적 갈등의 가능성이 높아지는 일터에서 수평적 관계로 상호 존중하는 문화는 더욱 주목받을 것이다.

[조직문화 사례]

 * **수평적 문화로 전환하는 국내 기업 사례:** 국내 유수의 대기업을 중심으로 많은 기업들이 몇 해 전부터 직급과 호칭을 단순화하면서 상호 위계적 구조를 수평적으로 전환하기 위해 노력하고 있다. 이와 함께 자율 복장 착용, 평가 제도의 변화, 투명한 정보 공유를 위한 조치도 병행되었다. 이는 우리 사회 구성원 다수가 인격권의 존중과 차별 없이 공정하게 대우받는 것을 중요한 가치로 인식하고 있음을 말해주는 현상이다. 아직은 수평조직으로의 전환이 완전하게 성공했다고 평가하기에는 이르지만, 외형을 변화하고 지속적으로 노력한다는 측면에서 그 방향은 거스르기 어려우며 성공은 시간문제라고 생각한다.

 * **자포스(Zappos):** 자포스는 2009년 아마존에 12억 달러에 인수된 온라인 신발쇼핑 플랫폼 기업이다. 자포스는 매년 『Zappos Culture Book』을 출판한다. 이 책에는 구성원들이 직접 기여한 이야기와 경험을 담아 조직 내부의 가치와 문화를 공유한다. 이 과정을 통해 구성원은 서로의 이야기에 공감하며, 상호 존중과 이해도를 높여왔다. 자포스는 주기적으로 All Hands Meetings를 개최한다. 이 회의는 조직 전체 구성원들이 참여해서 회사의 최신 소식과 업데이트를 공유하고 토론하기 위해 마련된 자리이다. 구성원들은 자유롭게 질문하고 의견을 제시할 수 있으며, 상사나 경영진과의 양방향 소통을 진행하며 상호 간의 신뢰를 증진해 왔다. 사무실 환경도 개방적인 레이아웃으로 설계하여 부서 간의 경계를 허물고 협업을 촉진하도록 유도했다. 구성원들은 서로 자주 보고 이야기 나누면서 친밀

한 분위기를 형성할 수 있었다.

  * **픽사(Pixar)**: <토이 스토리> 등으로 유명한 애니메이션 기업 픽사는, 구성원들이 자유롭게 의견을 교환하고 아이디어를 나눌 수 있도록 문화를 조성하였다. 회의에 참여한 모든 구성원들은 동료의 아이디어나 제안에 대해 질문하고, 자신의 의견을 전달하는 데 익숙하다. 다양한 시각이 더 나은 의사결정을 이끈다는 점에서 비판적 사고와 질문을 격려한다. 모두가 동일한 의견을 낸다면, 의도적으로 악마의 옹호자(Devil's Advocate)를 지정하여 비판하도록 요구한다. 악마의 옹호자는 비판적 입장에서 도전적 질문을 하는 역할이기 때문에, 심리적 부담 없이 개입하고 궁극적으로 창의적이고 혁신적 회의를 이끌도록 기여할 수 있다. 애플을 떠나 픽사의 CEO 역할을 했던 스티브 잡스는, 리더 입장에서 훌륭한 의사결정을 하기 위해서는 구성원의 비판과 의문을 수용할 필요가 있다는 점을 픽사 문화에서 배웠다고 회고했다. 회의에 참여하는 구성원들은 자신의 역할과 분야에 대한 책임과 권한을 가지고 있다. 이것이 위계조직과 대응되는 역할조직의 모습이다. 이런 문화가 구성원 각자가 전문성을 갖고 보다 적극적이고 주도적으로 참여하도록 돕는다. 그들은 중요한 의사결정의 토론 과정을 구성원들에게 투명하게 공유하는 것을 원칙으로 한다. 이처럼 회의는 원탁에서 수평적인 분위기로 구성원들의 참여와 의견 공유를 통해 문제를 해결하고, 중요한 의사결정 사안에 합의하는 과정이 되어야 한다.

3장

우리 팀의 조직문화,
효과적인 구축 방법은
무엇인가?

조직심리학자 리차드 해크먼Richard Hackman은 효과적인 팀은 3가지 측면에서 성과가 있어야 한다고 주장했다. 첫째는 팀의 성과 목표달성이다. 팀이 존재하는 본래의 목적에 부합하는 객관적인 성취를 이루어야 한다. 둘째는 팀 구성원들의 만족도와 행복감이다. 구성원들은 과업 수행 과정에서 성취감과 자부심을 경험하며, 개인적 욕구도 달성할 수 있어야 한다. 셋째는 팀 구성원들이 함께하는 프로세스를 구축해야 한다. 구성원들이 효과적으로 상호작용하며, 협업을 통한 시너지를 발휘할 수 있어야 한다. 이것이 바로 조직문화이다.

리더는 자신이 관장하는 조직문화 구축에 가장 큰 영향력을 행사하는 존재이다. 이번 장에서는 조직문화 구축을 위한 효과적인 방법에 대해서 살펴보겠다.

1　새로운 조직문화 구축은 언제 필요할까?

첫째, 새로운 팀이 형성될 때

새로운 팀이 형성되거나 기존 팀의 구성원이 변경되는 경우 팀 문화를 새롭게 구축해야 한다. 팀 구성원들은 다양한 배경과 경험을 가지고 있는데, 마치 물리적으로 각자의 성질 그대로 한 공간에 섞여 있는 '혼합물'과 같다. 그런 상태에서 서로 협력하고 조화롭게 일하는 팀 문화를 구축해야 한다. 서로의 강점과 관심사를 고려한 역할과 책임, 프로세스를 정립하는 과정이 '조직문화'를 구축하는 과정이다. 이를 통해 '최적화된 화합물'이 될 수 있다. 물론 상황에 따라 샐러드볼과 용광로 중 어떤 방향이 적합한지 고민이 필요하다.

둘째, 상위 조직의 변화가 있을 때

조직이 전략적으로 변화하거나 새로운 목표와 방향성을 설정하는 경우에도 팀 문화를 재구축해야 할 수 있다. 조직의 변화에 맞게 팀 문화를 조정하고 새로운 가치와 신념을 수용하는 것이 필요하다. 기존의 조직에 신규 리더로 보임했을 때도 팀의 변화로 볼 수 있다. 또한 조직 개편과 구성원의 변동이 있을 때도 구축이 필요할 수 있다. 조직문화가 전략이 되기 위해서는, 환경 변화에 적합하도록 꾸준히 최적화해야 한다.

셋째, 팀의 문제 해결이나 개선이 필요하다고 판단될 때

팀 내에서 문제나 갈등이 발생하는 경우에는 팀 문화를 다시 구축하거나 개선해야 할 수 있다. 문제를 해결하고 협력과 상호 이해를 촉진하기 위해 새로운 규칙, 소통 방식, 협업 접근법 등을 도입할 수 있다. 현재의 팀 문화가 효과적으로 팀 성과를 도모하지 못하거나, 구성원들의 만족도를 충족시키지 못하는 경우에도 팀 문화를 새롭게 구축해야 할 수 있다. 종종 새로운 가치를 정립하거나 강화할 필요가 있을 때도 구축이 필요하다. 이런 활동을 '조직 개발' 또는 '팀 빌딩'이라 부른다.

이상에서 살펴본 세 가지 상황은 모두 '변화'가 있었을 때이다. 새로운 질서를 정립하는 과정이 조직문화 구축의 적기로 볼 수 있다. 게다가 변화 초기에 실시하는 조직문화 정립 활동이, 일정한 시간이 지난 후 실시하는 것보다 효과적이다. 6개월 정도의 시간이 지나버리면, 의도하지 않은 방식이나 과거의 오래된 관행을 고수할 가능성이 높기 때문이다.

2   집단 속 인간 행동의 특성을 고려하여 구축하라

모든 인간은 집단지향성을 가진다

인간의 집단지향성은 사회적 동물로서 집단과의 관계와 상호작용을 중요시하는 특성을 의미한다. 집단은 심리적 안전감과 물리적 생존을 돕는다. 집단 속에서 인간은 협력과 상호의존성을 통해 리스크 분산, 자원 공유, 보호와 안전 등을 확보할 수 있다. 다시 말해, 오랜 역사 속에서 집단은 생존을 위한 최고의 전략이 되었다. 이는 앞으로도 변함없을 것이다.

집단은 소속감과 정체성의 형성을 도와주며, 사회적인 관계를 형성하여 서로 도움을 주고받을 수 있는 기회를 제공한다. 이처럼 인간은 타인과의 상호작용을 통해 자신의 존재 가치를 인정받고, 삶의 만족감을 느낄 수 있다. 인간의 집단지향성은 사회적 욕구를 충족시키며, 소속감과 자부심을 강화할 수 있다.

소속감과 공동체의식이 강한 집단을 '내집단In group'이라 부른다. 예를 들어 우리 회사, 우리 집, 우리나라 등 '자신과 동일시'하는 특징을 가진다. 반면, 이질감과 적대감을 가진 집단을 '외집단Out group'으로 분류한다.

자신의 판단과 행동의 기준으로 삼는 집단을 '준거집단'으로 부른다. 이는 본인의 구체적인 소속과 상관없이 '믿고 따르는 집단'을 의미한다. 만약, 현재의 소속 조직이 준거집단과 일치한다면 '소속감과 자부심, 만족감'이 높다. 반면 일치하지 못하는 경우라면, 불만을 갖고 비협조적인 태도를 보일 수 있다.

요약하자면, 팀과 조직에 대해 소속감과 긍정 감정을 갖게 되면 조직문화를 적극적으로 수용하고 실천할 가능성이 높아진다.

| 집단 속 구성원들은 개인 차원과 다른 행동을 보인다 |

사회학자 뒤르켐David-Émile Durkheim은 "자살은 사회적 타살이다."라고 말했다. 어떤 사람의 행동을 이해하려면 그 사람이 속한 집단과 상황이라는

맥락을 살펴봐야 한다. 다시 말해, 집단 속 개인은 타인의 영향에서 자유롭지 못하다.

개인은 집단의 다수가 행동하는 방식을 쉽게 모방하거나 내면화한다. 무엇보다 집단 속 타인의 지지를 얻기 위해 평소와 다른 과격한 행동을 하기도 한다. 이유는 간단하다. 이런 행동을 통해 자신의 지위가 더욱 견고해지고, 안전해지기 때문이다.

• **동조**(Conformity)

동조는 집단 내에서 구성원들이 집단의 의견, 행동, 가치 등에 영향을 받고 따르게 되는 현상을 의미한다. 동조는 집단이 발휘하는 사회적 영향력으로 볼 수 있다. 구성원들은 함께 소속된 동료들과 일치하거나 비슷하게 행동하려는 경향을 가지며, 다수의 의견이나 행동을 비판 없이 따르기도 한다. 상황에 따라서는 개인적으로 반대하는 경우라도, 동료들로부터 비난을 받고 싶지 않기 때문에 원하지 않는 행동을 하기도 한다. 동조는 집단 내의 일관성을 유지하고 조화를 도모할 수 있으나, 독립적인 사고와 창의성을 억제할 수도 있다. 예를 들어, 소속감과 일체감이 강한 집단에서 새롭고 다른 아이디어를 기대하기는 어렵다. 획일적 사고, 만장일치에 익숙해지는 현상을 '집단사고Group Thinking'라고 부른다. 동조현상을 긍정적으로 활용한다면, 긍정적 행동을 전파하고 새로운 조직문화를 보다 빠르게 확산시킬 수 있다.

• 그룹화(Grouping)

그룹화는 집단 내에서 유사한 특성이나 목표를 가진 개인들이 모여 또다시 소규모 그룹을 형성하는 현상을 말한다. 예를 들어, 동문회 모임에서 골프를 좋아하거나 출신 고교가 같은 구성원들끼리 결속력을 높이기 위해 그룹을 형성하기도 한다. 종종 집단의 중요한 의사결정 상황에서 찬성파와 반대파로 구분되는 경우도 발생한다. 전체 집단 차원에서는 '파벌 형성' 또는 '사조직'으로 간주되며, 부정적으로 행동할 가능성이 있기 때문에 공식적 허용을 금지하는 경우들이 많다. 집단 규모가 커질수록 차별적인 동질감과 친밀감을 공유하는 그룹은 발생할 가능성이 높다. 그러므로 적합한 규모를 고려하여 긴밀하게 상호 작용하는 구성원들을 파트나 그룹 등으로 공식화하는 것도 효과적이다.

• 극화(Polarization)

극화는 집단 내에서 개인의 의견이 더 극단화되거나 강화되는 현상을 말한다. 극화는 주로 의견이나 태도의 차이로 발생하며, 집단 내의 상호 작용과 의사소통을 통해 심화된다. 예를 들어, 집단 내에서 한 개인의 의견이 공유된 후 그 의견을 지지하는 개인들은 더욱 강화되고 반대 의견을 가진 개인들은 더욱 극화될 수 있다. 극화는 집단 내의 의견 분열을 초래할 수 있으며, 갈등과 대립을 증폭시킬 수도 있다. 만약 개인 차원이라면 보이지 않았을 '격렬한 행동'도 종종 나타난다. 정치집단이나 이익집단에서 양극단의 선명성을 강조하기 위해 무리한 행동을 하는 구성원들이 있

다. 이런 행동은 같은 입장의 구성원들에게 환영과 강력한 지지를 받곤
한다.

| 구성원들의 상호작용을 긍정적으로 유도하라 |

　모든 인간은 다른 사람들과 상호작용을 통해서 원하는 것을 얻는다. 혼
자서는 이룰 수 없다는 취약성과 결핍 때문에 자연스레 협동을 전략으로
채택한다. 그러나 집단의 희소한 자원을 두고 서로 경쟁하는 상황도 마주
하게 된다. 예를 들어, 상대평가제도에 의한 평가등급 부여와 승진은 동
료와의 경쟁을 유도하기도 한다. 종종 과도한 경쟁은 동료를 적으로 인식
하게 만들고, 동료와 충돌하거나 갈등을 일으키기도 한다.

• **협동**(Cooperation)

　협동은 집단 구성원들이 함께 작업하거나 목표달성을 위해 협력하는
것을 의미한다. 협동은 집단 내의 조화와 상호의존성을 강화하며, 집단의
목표달성과 성과 향상을 도모한다. 상호의존성은 구성원 각자 역할과 과
업이 다르지만, 상호 긴밀하게 영향을 주고받으며 협력이 필요하다는 인
식을 돕는다. 협동은 역할 분담, 정보 공유, 상호 지원 등 다양한 형태로 나
타날 수 있다. 협동은 집단 구성원들 간의 긍정적인 관계와 협력적인 태도
로 볼 수 있으며, 집단의 성공과 개인의 만족도를 높이는 데 기여한다.

• 경쟁(Competition)

경쟁은 집단 구성원들 사이에서 공유된 목표, 보상, 자원 등을 얻기 위해 노력하는 것을 의미한다. 경쟁은 자원의 희소성 때문에 발생할 수 있다. 경쟁은 승자와 패자, 서열을 나누게 된다. 이것이 구성원의 동기 유발과 성과 향상을 촉진할 수 있으며, 집단 내에서의 선발, 상향 평준화, 혁신 등을 가능하게 한다. 그러나 지나치게 경쟁적인 환경은 집단 내의 협동과 신뢰를 저해할 수 있으므로 균형과 조절이 필요하다. 동료를 적이나 경쟁자로 인식하지 않도록 주의해야 한다.

• 갈등(Conflict)

갈등은 서로 다른 목표, 가치, 이익 등을 가진 집단 구성원들 사이에서 충돌이 발생하는 것을 의미한다. 갈등은 자원의 분배, 역할 충돌, 의견 차이 등 다양한 이유로 발생할 수 있다. 경쟁과 달리 대립과 충돌을 동반하는 경향이 있다. 갈등이 일어난 경우, 상대방과의 협력보다는 자신의 이익을 우선시하는 경향이 강하게 나타난다. 갈등은 집단 내의 긍정적인 변화와 혁신을 유도할 수도 있지만 응집력 저하, 의사소통 오류, 집단 분열 등의 부정적인 영향을 미칠 수 있다. 갈등 관리와 해결은 상호 간의 이해와 대화, 타협, 중재 등을 통해 가능하다.

동료들을 목표달성 과정의 협업 파트너로 인식하지 못하더라도, 적어도 적으로 오해하지 않아야 한다. '나는 당신이 필요하고, 당신도 내가 필요하다'는 상호 의존성을 경험하도록 이끌어야 한다. 그래야 서로의 지식과 경험, 새로운 아이디어와 정보를 적극적으로 공유할 수 있다.

3
조직문화를 통해 구성원의 몰입을 이끄는 긍정 경험을 제공하라

일터는 인간 본성을 실현하는 기회다

디지털대전환과 팬데믹 환경은 마치 동굴 속에 고립된 모습처럼 사회적 상호작용을 하기 어려웠다. 디지털기기와 네트워크 덕분에 일과 삶은 지속할 수 있었지만, 사람들의 고립감과 권태감, 불안감은 높아졌다. 이는 독일의 사회학자 에리히 프롬Erich Fromm이 이미 오래전에 지적했던 현대인의 보편적 현상으로 볼 수 있다. 그는 현대인의 문제를 극복하기 위해 인간 본성을 회복해야 한다고 3가지 방법을 강조했다.

첫째는, 고립을 극복하고 사회적 상호작용을 통해 사랑Love하는 것이다. 자신을 비롯하여 타인들에 대한 관심과 배려, 돌봄을 실천할 때 회복을 경험할 수 있다. 둘째는, 자신의 고유한 생각과 가치를 표현하는 자유 Freedom다. 외부의 억압이나 제약에서 자유로운 것을 넘어, 일터와 삶터에서 적극적으로 창의성을 발현하는 것이다. 셋째는, 생산성Productivity이다. 세상을 긍정적으로 변화시키고 사회에 기여하는 가치 있는 일을 통해 만족감과 의미를 얻을 수 있다.

일터는 구성원들과의 상호작용을 통해서 사랑을 실천하고, 세상과 사회에 기여하는 보람 있는 일을 수행하는 과정에서, 개인의 자율성과 창의성을 발휘할 수 있는 공간이 될 수 있다. 리더는 구성원들의 긍정 경험을 설계하고 촉진하는 역할을 수행할 수 있다.

| 　　조직문화를 통해 긍정적인 직원경험을 제공하라　　 |

구성원은 일터에서 관계를 시작하는 시점부터 종료하는 기간 동안 다양한 경험을 하게 된다. 이를 '직원경험'이라 부른다. 직원경험은 구성원의 참여와 동기, 만족도와 소속감, 성과 그리고 이타적 행동에 영향을 줄 수 있다. 긍정적인 직원경험을 갖고 있는 구성원들은 높은 수준의 성취와 몰입 행동을 한다. 반대로 부정적 직원경험은 낮은 참여도와 불만을 유발할 수 있다. 조직문화는 직원경험에 가장 큰 영향을 준다.

인간은 모든 경험을 기억하지 않는다. 가장 최고Peak와 최신End의 경험이 장기기억으로 남을 확률이 높다. 심리학자 최초로 2002년 노벨경제학상을 수상한 대니얼 카너만Daniel Kahneman교수는 실험을 통해 사람들이 어떤 경험을 주로 기억하는지 발표했다. 실험 참가자들에게 의료검사 과정에서 불쾌한 경험의 강도와 지속시간을 다르게 제공하면서, 그 기억이 어떻게 변화하는지 기록했다.

카너만 교수는 경험 중에서 불쾌함이 가장 심한 순간이나 강도가 높은 순간이 기억에 많은 영향을 미친다는 것을 발견했다. 이는 경험의 피크 순간이 기억의 인상에 큰 영향을 주며, 후에 경험을 평가하는 데도 중요한 역할을 한다는 것을 의미한다. 그리고 경험의 종료 순간 또한 기억에 큰 영향을 준다. 실험 결과, 경험이 불쾌한 순간으로 끝날 경우 그 경험을 전반적으로 더 부정적으로 기억하는 경향이 있었다. 마지막 순간의 불쾌함이 기억의 전체 평가에 영향을 미치는 것으로 나타났다.

리더나 동료들과 함께하는 사회적 상호작용 경험은 특정한 감정을 핵심기억으로 인식하게 만든다. 이 중 구성원의 입장에서 가장 '짜릿한 순간의 경험'과 '최근의 경험'은 오래도록 기억에 남을 가능성이 높다. 그러므로 리더는 가장 힘들고 고통스러운 상황에 '진심이 담긴 위로와 격려'를 하고, 가장 기쁜 순간에 '칭찬과 노고의 인정'을 아낌없이 제공해야 한다. 구성원의 희로애락 상황에서 리더와 동료들이 함께 힘을 주고 위로하는 경험이 중요하다. 과업이 종료되고 분기와 반기 그리고 새해를 맞이할 때 의미 있는 랩업Wrap Up 시간을 마련해야 한다. 과업 추진 과정에서 힘들었던 문제해결과 성공을 함께 공유하도록 도와야 한다. 구성원 입장에서 '고맙다', '기쁘다', '보람 있다', '힘이 된다' 등의 긍정 감정을 이끌 수 있는 경험을 제공해야 한다.

4

팀 발달 단계를 통해
조직문화를 구축하라

집단의 문화는 마치 어린아이가 성인이 되는 신체적 및 심리적 발달과정과 비슷하다. 유년 시절의 결정적 경험과 기억이 평생에 걸쳐 큰 영향을 미치듯이, 집단이 설립되고 초기 발달 과정에서 순차적으로 조직문화를 형성하게 된다.

팀 발달 단계 모델은 조직심리학자 터크만Bruce Tuckman 교수가 1965년 발표한 이후, 변함없이 그 명성을 유지하고 있다. 터크만은 초기에 팀 발달 단계 모델을 순차적인 과정에 따라 1단계 형성기Forming, 2단계 혼돈기Storming, 3단계 규범기Norming, 4단계 성취기Performing로 제시했다. 이후 1977년 5단계 해체기Adjourning를 추가하여, 현재는 총 5단계로 소개하고 있다. 팀의 목표달성 이후인 해체기는 팀 자체가 소멸되기 때문에 상세한 내용을 다룰 실익이 없어 제외한다.

1단계: 형성기(Forming)

집단의 설립 초기를 상상해 보자. 공동의 목표에 대한 막연한 열망은 있지만, 구체적으로 무엇을 해야 하는지 모르는 상황이다. 의욕 수준은 가장 높지만, 생산성은 매우 낮은 수준이다. 마치 지역별 축구대회 우승이라는 목표 하나로 인근의 낯선 사람들이 같은 유니폼을 입고 있는 수준과 비슷하다. 초기에는 리더를 매개로 상호작용이 일어나게 된다. 구성원들 상호 간에는 아직 서먹한 부분이 있다.

리더는 팀으로 모인 이유에 대해 명확히 알려줘야 한다. 구성원 입장에서도 리더의 개입을 환영한다. 그러므로 리더는 개인의 역할과 과업 수행에 초점을 두어야 한다. 구체적인 목표를 설정하도록 돕고, 지시하고 종종 강하게 밀어붙여야 하는 상황이 필요하다. 가능한 한 구체적인 방향을 상세하게 제시해서 명확성을 높여야 한다. 구성원 각자 입장에서 다른 해석을 하지 않도록 적극적으로 개입해야 한다.

2단계: 혼돈기(Storming)

팀 발달 단계는 선행 단계를 거치지 않고 급격히 성장하지 않는다. 반드시 겪어야 하는 발달 과제와 비슷하다. '사춘기'의 모습을 떠올려봐도 무리가 없다. 누구나 겪어야 하는 '혼돈'의 과정이라면, 조금 더 빨리 큰 충격 없이 마무리되도록 개입해야 한다. 이 단계에 이르면, 구성원들은 서로 어느 정도 아는 사이로 발전한다. 각자의 성향과 스타일을 감추지 않는다. 그레이존의 모호함 때문에 발생하는 '의견 대립' 과정에서 '불필요한 오해와 갈등'이 없는지 유심히 관찰해야 한다.

이 단계에서 리더는 구성원 간 상호작용이 원활하게 일어나도록 돕는데 역할의 초점을 두어야 한다. 갈등 관리와 문제해결을 돕는 해결사 역할을 수행해야 한다. 구성원을 설득하고 조언을 제시하는 형태의 개입을 해야 한다. 갈등이나 문제를 방치하거나 묵과한다면 '공정성 지각'과 '직무 몰입'에 이슈가 생길 수 있다.

3단계: 규범기(Norming)

규범기에 이르면, 집단은 다른 조직과 차별화되는 공통의 정체성이 서서히 생기기 시작한다. 구성원들은 서로를 공동의 목표달성을 위해 협력하는 존재로 인식하고, 차츰 신뢰 수준이 높아지게 된다. 리더는 집단의 다양한 과제 추진 과정에서 상호작용 촉진에 우선순위를 두어야 한다. 각 세부 과제들의 원만한 흐름과 우선순위, 프로세스에 집중해야 한다. 이를 위해 일하는 방식인 '프로세스'를 명확히 하고 향상시키는 데 개입해야 한다. 다른 집단과 구별되는 고유한 프로세스를 갖춤으로써 뚜렷한 조직문화를 정립하게 된다. 중요한 것은 일방적 제시가 아닌 구성원들의 참여라는 과정을 통해 프로세스를 만들어야 한다.

4단계: 성취기(Performing)

성취기는 기대하는 발달 수준에 도달하여, 최고의 성과를 창출하는 단계이다. 구성원들은 전체 목표의 성공을 위해 스스로 최적의 방안을 도출하기도 한다. 신뢰 수준 향상과 함께 소속감과 자부심도 높아진다. 리더는 구성원들에게 적극적으로 권한을 위임해도 무리가 없는 상황이다. 자율성과 책임을 기반으로 일하는 환경을 조성한다. 리더는 기존의 개입 수준을 가장 낮추며, 보조적으로 지원하는 역할을 수행한다.

만약 팀이 만들어진 초기부터 구성원의 자유와 가치를 토대로 실행할 것을 위임하고, 개입을 최소화한다면 어떻게 될까? 공동의 목표달성이나 추진 과정의 효율성을 기대하기 어려울 것이 분명하다. 모호함과 갈등은 지속되고, 비효율적인 프로세스로 일하게 될 것이 뻔하다. 설령 바람직한

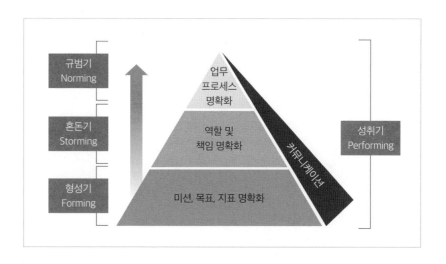

조직문화를 채택하고 싶더라도, 우리 팀의 발달 수준을 고려해야 한다.

팀 발달 단계는 모든 집단이 극복해야 하는 발달 과정인 만큼 리더는 팀의 발달 수준을 고려해서 단계별 적합한 과제 해결에 집중해야 한다. 팀의 목표Goal와 상호의존적인 역할Role, 그리고 합의된 규칙Rule인 프로세스의 명확성을 단계적으로 높이는 것이 가장 중요하다.

이 과정을 통해서 팀의 신뢰 수준도 높아진다. 이때 단계별 문제를 해결하는 구체적인 경험이, 다른 집단과 구별되는 조직문화로 자리 잡게 된다.

한 가지 더 주목할 부분은, 문제해결 과정에서 발생하는 리더의 의사소통과 의사결정 유형이다. 팀 발달 과정에서 발휘하는 리더의 리더십 스타일은 조직문화 형성에 가장 큰 영향을 미친다.

5 팀 문화 구축을 위한 3R

공유하는 의미와 가치를 담는 리추얼(Ritual)을 만들어야 한다

리추얼은 '종교적인 의식'이라는 개념으로 알려져 있다. 자신의 신앙심이나 상대방에 대한 존중 등 보이지 않는 추상적 가치를 구체적인 상징과 절차를 통해 효과적으로 전달하도록 도와준다.

예를 들어, 예배/미사/법회 등은 참가하는 사람들이 함께 공유하는 상징과 절차를 통해서 '보이지 않는 신앙심'을 '구체적으로 보이도록 만드는 것'이기도 하다. 오랜 세월 동안 전수된 명절 문화도 리추얼의 한 예로 볼 수 있다. 결혼식과 장례식, 돌잔치와 환갑잔치 등 희로애락의 감정을 공유하기 위한 활동도 한국인 고유의 리추얼로 볼 수 있다. 일터에서는 시무식과 종무식, 입사식과 퇴직식, 시상식과 창립기념일 등의 다양한 행사를 예로 들 수 있다.

여기 주목할 부분은 구성원 전체가 함께 공유하는 '의미를 담은 형식'이다. 팀 구성원들과 의미를 함께 공유해야 한다. 의도, 절차, 방법, 목적 등도 함께 공유해야 한다. 다른 집단에 속한 사람들이 보편적으로 사용하는 의미와 다른 독창적인 리추얼을 만들 때 '고유한 조직문화'가 될 수 있다.

예를 들어, 팀의 성과에 탁월한 기여를 했을 때, 이를 인정하고 보상하는 나름의 방법을 고안할 수 있다. 새로운 프로젝트를 시작하는 단계와 중간 점검 방법, 최종 결과를 정리하는 활동을 설계할 수 있다. 구성원들의 이해와 공감을 높이고, 목표에 집중하고, 추진 과정과 결과에 기여한 노고와 성취를 인정하는 의미를 담을 수 있다.

중요한 포인트는 리더 혼자만의 주관적 의미로는 리추얼이 되지 못한다. 해당 팀 구성원 다수의 공감과 지지를 받아야 상호 주관성을 갖게 된다. 이스라엘 역사학자 유발 하라리의 『사피엔스』에는 '상상을 현실'로 만드는 인간의 차별적 역량으로 소개하기도 했다.

공통 프로세스에 대한 명확한 규칙(Rule)을 만들어야 한다

조직문화는 일상에서 구성원들이 자연스럽게 반복하는 프로세스를 통해서 구체화된다. 프로세스는 '반복적'이며, '측정이 가능한' 활동들로 구성된다. 프로세스란 자원과 정보를 특정한 제품 또는 결과물로 변환시키는 데 필요한 활동과 과업들의 집합을 말한다.

예를 들어, 프로그램 개발 프로세스, 생산 프로세스, 판매 프로세스, 구매 프로세스, 연구개발 프로세스, 물류 프로세스 등이 있다. 이를 '집단 고유 프로세스'로 볼 수 있다. 다양한 시행착오를 통한 최적화된 표준작업절차서SOP, Standard Operating Procedure 또는 매뉴얼과 유사한 개념이다.

이와 별도로 모든 집단은 고유의 목적, 특수성과 무관하게 '공통 프로세스'가 있다. 해크먼이 집단 효과성 모델Group Effectiveness Model에서 강조한 공통 프로세스는 다음과 같다.

- 의사소통 프로세스: 정기와 비정기 회의, 정보 공유와 의견 교환, 대면과 비대면 등
- 의사결정 프로세스: 직무 권한 범위, 집단의사결정 등
- 문제해결 프로세스: 문제 정의, 원인 분석, 해결안 도출 등

갈등관리 프로세스: 표출 방식, 처리 방법, 공식 또는 비공식 절차 등

단기적으로 가장 빠르고 확실하게 조직문화를 구축하려면, 명확한 규칙을 정립하는 것이 효과적이다.

꾸준한 반복을 통해
루틴(Routine)이 되도록 해야 한다

새로운 조직문화를 정립하는 과정은 개인의 습관 형성 과정과 매우 유사하다. 왜냐하면, 구성원 개인 차원에서 볼 때 낯선 리추얼이 자연스럽고 익숙한 것으로 받아들여지는 과정이 필요하기 때문이다.

새로운 습관을 만들기 위해서는 적어도 12주 정도 꾸준히 반복해야 한다. 관련 연구에 따르면, 뇌의 신경회로망을 새롭게 형성하기 위해서는 평균 66일 이상이 소요된다고 한다. 게다가 새로운 습관을 형성한 이후에도 유지하고 강화해야 하기 때문에 추가적인 시간을 고려해 12주 정도의 기간이 필요하다고 한다.

팀 차원에서 매일, 매주, 매월 실시하는 경우라면 12주 정도면 새로운 문화를 정립할 수 있다. 매일 아침 스크럼 미팅을 통해 서로의 업무 우선

순위와 추진 과정의 이슈를 공유하는 리추얼을 시작했다면 꾸준히 실행해야 한다. 리더와 구성원의 1 on 1 미팅을 매월 1회 1시간씩 실시하기로 했다면, 적어도 3번 이상은 반복해야 자연스러운 문화가 될 수 있다.

분기나 반기 1회 정도 실시하는 것이라면, 1년에서 2년 정도 지속해야 한다. 연간 1회만 실시하는 연말 시상식 또는 창립기념행사라면 3번 정도 이어지도록 3년 정도는 반복해야 한다. 만약 도중에 중단할 경우 2번 연속이 되지 않도록 주의해야 한다. 어렵게 만든 리추얼의 생명력이 없어질 수 있다. 이를 예방하기 위해서는 정례화가 중요하다. 정기적으로 실천하면, 예외 없이 적용이 가능하며 예측 가능성이 높아진다.

이처럼 3번 이상, 12주 정도 반복한다면 자연스러운 습관인 '루틴'이 될 수 있다. 어색함과 긴장감, 그리고 부담스러운 노력이 필요 없는 상태가 된다. 오히려 그렇게 행동하지 않으면 이상하다고 느끼게 되는 수준이 되어야 한다.

팀의 조직문화로 정착되기 위해서는 집단 구성원 다수가 함께 공유하고 실천해야 한다. 조직문화의 특징 중 하나가 '학습'을 통해 후천적으로 습득한 것이라는 점이다. 팀의 리추얼과 규칙을 통해 정립한 조직문화는 새로운 구성원들에게 공식적 또는 비공식적 전파 기회를 통해 공유해야 한다. 다양한 구성원들이 보다 빠르고 명확하게 공유하기 위해서는 공식

적인 교육, 전달 방식이 효과적이다. 사안에 따라서는 문서로 구체화해서
전달해도 좋고, 5감을 통해 직접 경험해 보도록 이끄는 과정도 필요하다.

6 구성원과 함께 만들어야 강해진다

디지털네이티브의 공통된 특징 중 하나는 '답정너'에 대한 거부감이다. 이는 인간의 보편적 성향과 일치하는 부분이다. 아무리 검증되고 옳은 방향이라 하더라도, 일방적으로 정하고 지시한 규칙을 강요받는 것을 달가워할 사람은 없다. 구성원 전체가 준수해야 하는 규칙을 만든다면, 함께 논의하는 투명한 절차를 통해 참여하도록 이끌어야 수용도가 높아진다.

효과적 설득 전략을 소개하는 『설득의 심리학』에서도 '일관성의 법칙 Law of Consistency'을 강조한다. 초기 단계에서 가볍게 동의를 이끌어 낸다면, 이후에도 비슷한 입장을 고수할 확률이 높아진다. 그러므로 쉽고 간단한 공유 가치에서 설득을 시작하는 것이 효과적이다.

- 워크숍Workshop을 활용하라

우리 팀이 공유하는 공통의 신념과 가치, 상징물과 리추얼 등을 만드는 과정에서 구성원의 참여가 있을 때 수용성과 실천력을 높일 수 있다. 이를 효과적으로 도울 수 있는 방법이 '워크숍'이다. 워크숍은 명확한 산출물을 도출하기 위해, 참석자 모두가 경험과 생각을 자유롭게 교환하여 합의하는 토론 과정으로 볼 수 있다. 팀 고유의 문화를 새롭게 수립하는 초기 시점이거나, 새롭게 구성원이 된 사람이 많은 경우 더욱 효과적이다.

• 가치체계 수립 워크숍

팀의 가치체계 수립 워크숍은 팀 구성원들이 함께 모여 팀의 가치와 원

<팀 미션에 반드시 포함할 요소>

순서	초점	예시: 영업지원팀
우리의 고객은 누구인가?	우리 팀의 결과물을 필요로 하는 내부고객, 외부고객 모두 (~~에게)	영업사원, 외부 고객
고객의 관심사는 무엇인가?	우리 팀을 통해 해결하고 싶은 문제 (도달하고 싶은 기대, 회피하고 싶은 위험) (~~을 충족하기 위해)	매출, 공헌 이익, 시장점유율, 고객 만족 증가, 채권 회수/ 가성비, 높은 품질, 친절한 응대, 다양한 서비스 제공, AS 보증 등
우리는 어떤 가치를 줄 수 있는가?	우리 팀이 제공하는 결과물과 제공 방식을 통해 제공할 수 있는 가치 (~를 제공한다)	양질의 CRM데이터, 인센티브, 판매전략 수립, 프로모션, 판촉 지원, 역량 강화 지원, 경쟁사 정보, 제안 자료 개발 등
팀의 미션 선언문		영업지원팀은 영업조직의 경쟁력과 고객 만족을 높이기 위한, 최적의 영업 전략 수립과 실행에 필요한 양질의 서비스를 제공한다.

칙을 공유하고 합의하는 프로세스이다. 이는 팀 내의 일관성과 협업을 강화하며, 팀 멤버들이 공통된 목표와 가치를 공유하고 일하는 데 도움을 준다. 팀이 존재하는 이유인 미션과 목표를 명확히 하고, 이를 달성하기 위한 효과적인 프로세스를 합의하는 시간으로 운영할 수 있다. 예를 들어, 모두가 반드시 준수해야 하는 절차와 규칙이 무엇인지 논의로 합의하는 것이다. 더러는 슬로건과 구호 등도 만들어 공유하는 가치를 명확히 할수 있다.

• 동화 워크숍(Assimilation Workshop)

동화 워크숍은 새롭게 팀에 합류한 구성원들이 조직문화와 가치를 이해하고, 조직 내에서의 역할과 기대를 명확히 이해할 수 있는 기회를 제공하는 프로그램이다. 이를 통해 조직의 적응과 통합을 촉진하며, 새로운 구성원들이 조직에 빠르게 적응하고 성공적으로 업무에 참여할 수 있도록 지원한다.

워크숍에서는 조직의 비전, 가치, 문화, 전략, 목표 등을 설명하고, 새로운 직원들에게 역할과 책임, 조직 내의 기대사항 등을 소개한다. 또한 조직의 업무 프로세스, 의사소통 방식, 중요한 정책 및 절차 등을 설명한다. 여기서 새로운 구성원들을 서로 소개하고, 조직 내 다른 동료들과 상호작용을 촉진한다. 상호 질문과 의견을 나눌 수 있는 기회를 제공하여, 친밀감과 상호 의존성을 경험하도록 돕는다.

이번 장에서는 팀 효과성에 기여하는 우리 팀의 고유한 조직문화를 정립하기 위한 효과적인 접근 방법을 학습했다. 리더는 새로운 변화가 있을 때, 골든 타임을 놓치지 않고 적합한 조직문화를 정립해야 한다. 팀 발달 단계를 이끌면서, 다른 팀과 구별되며 우리에게 적합한 고유한 방식의 문화를 만들 수 있다. 구성원들이 함께 참여하는 과정을 통해 서로 상상을 공유하는 리추얼을 만들고, 자연스러운 루틴이 되도록 꾸준히 반복한다면 매력적인 조직문화를 만들 수 있을 것이다.

긍정적
직원경험을 이끄는
리추얼(Ritual)
만들기

자연을 제외한 세상의 대부분은 인간에 의해 만들어졌다. 선사시대 이전, 아주 오래된 과거의 고대인들이 서로 상상하며 이야기 나눴던 것들이 현실로 구현된 것으로 볼 수 있다. 인간은 집단을 구성해 협력하면서 자연환경을 극복하고, 더 나은 세상을 꾸준히 발전시켜왔다. 혼자 꿈꾸는 상상은 '몽상'에 그치겠지만, 여러 사람이 함께 그 꿈을 공유하면 '현실'로 이루어지는 '비전'이 된다. 눈에 보이지 않는 것을 믿는 주관적 생각을 집단의 동료와 함께 공감하게 되면, 마치 실제로 존재하는 것처럼 현실 세계를 규율할 수 있다. 인간사회를 움직이는 사회제도와 법률, 경제와 철학 등은 모두 '상호 주관성'을 기반으로 이루어졌다.

인간이 다른 생명체와 달리 문명을 이루어 발전한 배경에는 '의미를 부여하고 공유하는 소통체계'가 있었다. 덕분에 수많은 사람들이 긴밀하게 협력하고 공존할 수 있게 되었다. 이번 장에서는 '의미를 구체적인 모습으로 만드는 리추얼'에 대해 살펴보자.

1 왜 긍정적 직원경험이 중요한가?

경험과 기억

직원경험은 조직 내에서 근무하는 직원들이 일상적으로 경험하는 모든 측면을 포함한다. 처음 채용정보를 검색한 날부터 퇴사한 이후까지 경험한 모든 것을 의미한다. 주로 조직문화, 업무환경, 조직구조, 리더십 스타일, 교육과 성장 기회, 대인관계 등을 통해서 경험한다. 직원경험은 직원 몰입, 직무 만족도, 역량 향상, 효율성, 동기 부여, 직원 참여도 등과 직접적인 관련이 있으며, 조직의 성공과 성과 수준에 영향을 미친다.

직원경험 중 감정이 동반된 경험은 매우 중요하다. 왜냐하면, 해당 경험은 장기기억에 효과적으로 저장될 수 있기 때문이다. 예를 들어, 긍정적인 감정이나 강한 부정적인 감정을 동반한 경험은 보다 강력하고 오래 지속되는 기억을 형성할 수 있다. 또한 감정을 동반한 경험은 다른 경험과 연결되어 기억을 더욱 잘 회상하게 한다. 이는 연상과 연결의 원리에 기인한다. 예를 들면, 특정한 감정과 관련된 음식, 장소, 사람, 향기, 음악 등은 해당 감정을 빠르게 떠올리게 할 수 있다.

직무 몰입과 감정

몰입된 구성원은 "자신의 일과 일터를 좋아한다."고 말하고, 조직의 성공을 위해 추가적인 노력을 하고, 더 좋은 조건의 이직 제안이 있어도 '계속 남아있기를 원하는' 등의 행동이 관찰된다.

메이어와 알렌Meyer & Allen은 구성원이 직무에 몰입하는 이유를 3가지로 제시했다. 첫째는 구성원의 자부심과 만족감 등 정서적 애착에 기반한 정서적 몰입이다. 둘째는 구성원의 의무감과 책임감에 기반한 규범적 몰입이다. 셋째는 경제적 측면의 합리적 판단에 따른 지속적 몰입이다.

- 정서적 몰입Affective Commitment: 구성원이 자신과 조직을 동일시하는 것으로, 소속감과 만족감, 자부심을 느끼며 조직의 성공을 위해 노력하는 행동을 보인다. 정서적으로 몰입한 구성원은 조직과의 관계를 이

해관계로 보지 않고, 감정적 애착에서 발현되는 자발적으로 헌신하는 행동을 한다. 조직을 좋아하고, 다른 사람들에게 추천한다.

• 규범적 몰입Normative Commitment: 자신이 속한 조직의 목표와 가치를 위해 노력하는 것이 구성원의 의무이자 도덕적으로 옳은 것이라 생각해서 조직에 몰입한다. 더 좋은 보상을 제공하는 이직 제의가 있어도, 현재의 조직에 머물러야 한다는 의무감의 영향을 받아 행동한다. 자신의 이익보다, 조직의 성공을 우선적으로 고려한다.

• 지속적 몰입Continual Commitment: 그동안 조직에 헌신한 시간과 노력 등의 비용을 고려해 조직을 떠나게 되면 손해가 날 것이라 판단하여 조직에 몰입한다. 조직에 머물렀던 시간이 길수록 부가적인 이익이 증가하지만, 떠나는 경우 잃게 되는 것이 많기 때문에 현재의 조직에 몰입하는 것을 선택한다.

어떤 감정이 필요한가?

여기서 강조하고 싶은 부분은 자부심, 만족감, 의무감, 책임감 등의 감정이다. 구성원이 자신이 속한 조직에 대해 '어떤 감정'을 갖고 있는지는 매우 중요하다. 일하기 좋은 기업 연구소GPTW: Great Place To Work의 공동 창업자 로버트 레버링Robert Levering은 성공적인 팀과 문화를 구축하는 데 중요한 가치들로 'Trust, Pride, Fun' 3가지를 강조했다. 이는 구성원들이 느끼는 긍정 감정으로 볼 수도 있다. 이런 감정들은 팀의 협업과 시너지를 촉진하며, 긍정적인 직원경험을 조성하는 데 기여한다.

- 신뢰Trust: 리더와 조직에 대한 신뢰를 바탕으로, 동료들을 상호 신뢰하는 것을 의미한다. 신뢰 수준이 높은 조직은 의사소통이 명확하고 효율적이며, 상호 존중하고 협력적인 행동을 자주 보인다.

- 자부심Pride: 자부심은 구성원들이 조직과 자신의 일에 대해 자랑스럽게 생각하고, 의미 있는 기여를 할 수 있다고 인식하는 것을 의미한다. 자부심이 높은 구성원들은 조직에 대한 헌신과 애착을 갖게 된다.

- 재미Fun: 구성원들이 일하는 과정에서 즐거움과 만족감을 느끼는 것을 의미한다. 구성원이 즐겁게 일하는 조직은 창의성과 협업 수준이 높다.

종종 버겁고 힘든 일들 때문에 부담스럽지만, '일터'는 우리가 대부분의 시간을 보내는 '삶터'이며, 오랜 시간 준비하고 바라던 '꿈 터'가 맞다. 일터와 상사 그리고 동료들에 대한 긍정적 감정을 동반한 경험이 많을수록, 만족도와 몰입도는 높아진다.

· 고맙다 / 감사하다 / 도움 된다 / 위로가 된다

· 재미있다 / 즐겁다

· 보람되다 / 자부심을 느낀다 / 성취감을 맛보았다

· 학습했다 / 성장했다

· 만족스럽다 / 신뢰한다

· 안전하다 / 안정적이다

· 할 수 있다 / 잘 될 것이다

2 보이지 않는 추상적 가치를 구체적으로 보여주는 형식, 리추얼

| 진짜 소중한 것은 눈을 감아야 볼 수 있다 |

팀이 중요하게 생각하는 가치인 '최고 지향, 변화 혁신, 신뢰, 명확성, 책임감, 성취감, 동료애, 협업' 등은 대부분 추상적 개념에 속한다. 눈에 보이지 않기 때문에, 전달이나 공유도 쉽지 않다.

서양화가 폴 고갱은 "진짜 보고 싶은 것을 보기 위해 눈을 감는다."라는 명언을 남겼다. 실제 우리가 볼 수 있는 가시광선은 전체 빛의 지극히 일부에 지나지 않는다고 한다. 자외선과 적외선, 알파선과 감마선 등은 인간이 지각할 수는 없지만 실제로는 존재한다. 과학기술의 발달로 이를 관찰하고 활용하는 수준에 이르게 되었다.

마찬가지로, 팀이 공유하고 싶은 소중한 가치와 감정은 '구체적인 형식'을 통해 공유할 수 있다. 이것이 바로 리추얼이다. 머리로 '이해하고 기억하는 것'으로 부족했던 부분을 오감을 통해 지각하고 공감하도록 이끌 수 있다.

| 리추얼은 집단이 공유하는 조직문화의 한 형태이다 |

리추얼은 '성스러운 관습' 또는 '엄숙한 행동 습관'을 뜻하는 라틴어 'Ritus'에서 유래되었다. 최근에는 나 자신을 위해 반복적으로 행하는 의식 활동을 지칭하며, 루틴과 비슷하게 사용되기도 한다. 그러나 리추얼은 일정한 형식을 갖춘 의례로서, 특정 집단이 공유하고 있다는 점이 개인적 수

구분	리추얼	루틴
의미와 목적	• 의식적이고 의미 있는 행위나 행사로, 주로 사회, 문화, 종교적인 의미 반영 • 일정한 순서와 의도를 가지며, 특정한 의미나 상징 강조 • 고유한 의미나 가치를 전달하거나 공동체 감정을 형성하기 위해 활용	• 일상적이고 반복적인 일련의 동작이나 활동 • 효율성과 생산성을 유지하고 일상 업무 수행
시간적 요소	• 특정한 시기나 기간에 수행 • 결혼식, 축제, 의례적인 음식 제공 등은 특정한 시간과 장소에서 엄격한 절차에 따라 수행	• 상대적으로 짧은 시간 간격으로 반복 • 매일 기상 후 화장실 사용, 세면, 아침 식사 등
의도성	• 의식적으로 따라야 할 규칙과 절차가 있음 • 공동체나 개인의 정체성, 관계 형성 등을 강조하는 데 활용	• 자동화되거나 의식하지 않고 수행되는 일상적인 활동

준의 루틴과 다르다.

우리나라 전체로 보면 주요 국경일 행사와 명절 풍습을 생각할 수 있다. 이는 다른 나라와 구별되는 명확한 특징이며, 차별화된 우리나라 고유의 문화로 볼 수 있다.

| 일터에서의 리추얼 사례 |

구성원 모두 또는 다수가 함께 모여, 나름의 의미와 목적을 담아 '행사, 회의, 회식 등'을 운영하는 모습을 떠올려 보면 된다.

성과 목표 설정과 중간 진척도 점검, 평가 피드백 시기마다 팀원과 1대 1 면담을 실시한다. 서로의 기대치를 공유하고, 피드백과 코칭을 주고받는 시간으로 활용한다. 리더는 구성원을 존중하고 성장을 지원하기 위한 의도를 전달할 수 있으며, 구성원은 주도적으로 책임감 있게 과업을 추진하고 있음을 공유할 수 있다.

팀원들이 고객사와 현장에 파견되어 근무하기 때문에 매 분기 1회 정도는 모두 참석하는 미팅을 실시한다. 이때 분기 업무 추진 실적을 공유하고, 전체 회식을 한다. 새로운 구성원에 대한 소개와 특별히 수고한 구성원들을 칭찬하는 순서를 반영한다.

매월 1회 정기회의에서는 '칭찬합시다'로 시작한다. 참석한 리더들은 사전에 칭찬카드에 칭찬 사유를 구체적으로 작성하고, 작은 선물도 준비한다. 이때, 참석자 모두가 지켜보는 가운데 칭찬하는 사람이 낭독하고, 전달하는 방식으로 진행한다. 리더는 바람직한 기대 행동에 대해 효과적으로 전달할 수 있다.

매월 영업 마감일에는 업무를 마무리하고, 전체 팀원들이 모여서 서로의 노고를 격려하는 회식을 운영한다. 한 달 동안 애쓴 노고를 격려하고, 새로운 시작을 다짐하기 위한 의미로 활용한다.

결혼식과 장례식 등 경조사를 치르고 복귀한 경우, 동료들에 대한 감사 의미를 담아 감사 선물을 전달하거나 식사를 대접하곤 한다. 냉정하게 보면, 받은 돈과 사례하는 돈이 비슷해서 금전적으로는 Zero라고 해도, 그 과정에서 서로의 돈독한 동료애를 만들어갈 수 있다.

명절 연휴 전에는 감사의 마음을 담아, 팀원 전체가 함께 점심 식사를 한다. 이때, 작지만 의미를 담은 선물을 준비한다. 주로 책이나, 와인, 명절선물세트를 감사의 메시지와 함께 전달한다.

팀원 중 생일자가 있으면, 해당일 또는 그 주에 팀원 모두가 점심 식사를 하고, 팀 운영 경비에서 '소정의 금액' 한도에서 원하는 선물을 준비해서 전달하는 축하의 자리를 마련한다.

리추얼 형태	실시 상황	의미와 목적
회의	전략회의, 성과리뷰, 발표회, 보고회, 정기회의(일간, 주간, 월간, 분기 등)	• 목표 공유, 정보 공유 • 문제해결, 의사결정 • 책임감, 주도성, 성과 인정
	정기교육과정, 비정기교육과정, 이슈해결 워크숍 등	• 정보 공유, 역량 향상 • 문제해결
행사	시무식, 종무식, 송년회, 창립기념식, 입사식, 시상식, 정년식 등	• 목표 공유, 다짐 약속 • 경영 이념, 핵심 가치 • 축하, 감사, 격려
	체육대회, 야유회, 단합대회, 팀 빌딩 워크숍 등	• 소속감, 동료애 • 목표 공유, 책임감
회합	생일, 결혼, 출산, 승진, 합격, 장기 근속, 수상, 목표달성, 수주/납품 성공	• 축하와 응원
	장례, 탈락, 실패, 낙주	• 위로와 격려 • 학습, 문제해결
	입사, 전입	• 환영, 소속감 제고
	전출, 퇴사	• 감사와 응원

4장 | 긍정적 직원경험을 이끄는 리추얼(Ritual) 만들기

3

리추얼은 어떻게
만들 수 있을까?

의미를 부여하면, 가치가 올라간다

매년 광복절인 8월 15일에는 천안 독립기념관에서 기념식을 거행한다. 대통령을 비롯해 수많은 사람들이 참석하고, TV로 실시간 중계한다. 1시간 남짓 진행되는 행사는 독립을 위해 애쓰신 순국선열의 희생에 감사의 마음을 전하고, 미래의 후손들을 위해 그분들의 숭고한 실천을 따르고자 다짐하는 자리이다. 행사는 미리 정해진 식순에 따라서, 특별한 의미를 담기 위해 엄격하게 진행된다.

몇 해 전 성당에서 진행되는 장례미사에 참석한 경험이 있었다. 고인이 평소 출석했던 성당에, 고인과 유가족 그리고 조문객과 성도분들이 함께

했다. 미사 전체를 주관하는 신부님께서는 각 순서마다 담고 있는 '의미'를 설명해 주셨다. 근엄한 예식 절차를 통해 고인의 삶에 대한 감사와 유가족에 대한 위로의 마음을 충실히 담아낼 수 있었다. 종종 형식을 중시한 의식 때문에 의미가 무엇인지 혼동스러웠던 경험과 달랐다.

큰 인기를 끌었던 드라마 〈응답하라 1988〉에도 비슷한 장면이 있다. 27년 은행원 생활을 마무리하고 퇴직하는 아버지의 노고에 감사의 마음을 전달하기 위해 덕선이와 형제들은 행사를 준비했다. 부모님과 오랜 세월 함께했던 지인들을 초대하여, 조촐한 식사 자리를 마련한 것이다. 이 날 하이라이트는 아버지에 대한 감사패를 만들어, 참석하신 분들 앞에서 낭독하고 전달하는 장면이었다. 얼핏 말단 직원으로 직장생활을 마무리하는 모습이 그리 대단하지 않다고 생각할 수도 있지만, 가족들은 가장인 아버지에 대한 고마움을 전달하고 싶었다. 아버지는 고단했던 그간의 삶을 인정해주는 가족이 더욱 고마웠다.

이처럼 리추얼을 운영하는 절차와 상징 등은 모두 의미 부여를 위해 고안된 것이다. 의미를 부여하면 할수록 가치는 더욱 높아진다. 구성원 다수가 공유하고 있는, 익숙하고 편한 것을 고려하여 아이디어를 만들어도 좋다. 기존에 실시하던 형식에 의미를 새롭게 더해도 좋고, 일부 변경해 보는 것도 추천한다.

〈새로운 리추얼을 설계할 때 고려할 요소〉

· 행사의 식순을 정하고 시간을 배정한다.

· 순서별 담당자를 정한다.

· 적합한 장소를 선정하고, 레이아웃을 조정한다.

· 음료나 다과, 식사를 준비한다.

· 꽃다발, 기념패, 상장, 선물 등을 마련한다.

· 행사, 순서, 선물과 시상 등 각각의 명칭을 정한다.

· 개회사와 폐회사 등을 통해 시작과 종료를 명확히 한다.

· 노래 또는 구호 제창 등 참석자 모두가 참여하는 활동을 반영한다.

| 구성원 다수가 공감하고 참여해야 진짜 리추얼이 된다 |

매년 정월대보름이 되면, 다섯 가지 곡식으로 만든 오곡밥을 지어 먹는 풍습이 있다. 이날은 김치를 먹지 않고 나물 반찬을 먹었다. 한 해의 풍년을 기원하는 의미를 담은 리추얼이다. 단단한 껍질의 견과류를 이로 깨어 먹는 '부럼 깨기'도 한다. 이는 각종 부스럼을 예방하고 치아를 튼튼하게 지키고 복을 기원하는 의미를 담은 풍습이자 리추얼이다. 이때가 되면 재래시장의 곡물과 나물 가격이 오르기도 한다. 그만큼 많은 사람들이 함께 참여하는 셈이다. 다수의 사람들이 참여할 때, 리추얼은 조직문화에 강력한 영향을 줄 수 있다.

이랜드그룹은 '김밥 송년회'를 통해, 동료들이 함께 모여 직접 김밥을 만들어 먹으면서 한 해 동안 감사한 일과 경험을 나누는 리추얼을 진행해 왔다. 이는 1980년대 초반 시간과 비용을 아끼기 위해, 근무현장에서 김밥을 만들어 먹던 경험을 되살려, 기업이 성장해도 초심을 잊지 말자는 의미를 담아 진행한 것이다.

집단의 구성원들이 함께 시간과 공간을 공유한 상황에서 특별한 의미를 공유하고 공감하면 진짜 리추얼이 된다. 눈에 보이지 않는 훌륭한 의미와 가치를 구체적으로 경험하는 것이다. 낯선 리추얼이 지속되면, 집단 구성원 다수가 공유하는 기본 가정과 신념으로 남게 되고 결국 고유한 조직문화로 자리하게 된다. 리추얼은, '팀과 조직에 대한 긍정 경험'을 만드는 데 매우 효과적인 전략이 된다.

재미가 있어야, 지속된다

사람들이 취미활동에 꾸준히 몰입하는 이유는 '재미'가 있기 때문이다. 자신의 소중한 시간과 돈, 그리고 노력까지 아낌없이 투여하는 이유는 '주관적 만족감'을 이끄는 긍정 경험이 있기 때문이다. 축구, 테니스, 배드민

턴, 수영 등 모임을 통해 취미활동을 즐길 수 있는 것도 좋지만, 함께 활동하는 회원들과 관계의 수준에 따라 만족감과 지속성이 달라지기도 한다.

리추얼이 담고 있는 진지한 의미도 좋지만, 흥겹고 즐거운 감정이 뒤따라야 지속할 수 있다. 많은 기업들이 종무식에 실적 리뷰와 시상식, 정년퇴직식 등을 함께 진행한다. 평소보다 격식을 갖춘 리추얼을 진행한다. 그리고 만찬과 감사의 축제를 벌이기도 한다. 행사보다 뒷풀이에 대한 기대감이 더 높을지도 모르겠다. 1부의 숙연한 리추얼과 2부의 유쾌한 만남이 긴밀하게 연결되어도 좋다. 우리 팀이 매주, 매월, 매 분기, 매년 함께 하면 변함없이 '~~을 한다'는 기대감도 생길 수 있다.

이를 위해, 구성원 입장에서 기대하는 관심사를 충족시킬 수 있는 다양한 아이디어를 모색해봐야 한다. 참석과 준비에 대한 노고를 감사하고 격려하는 메시지를 담아도 좋다. 가장 쉬운 것이 음료나 간식, 식사를 준비하는 것이다. 간단한 선물이나 기념품을 준비해도 좋다. 행운권 추첨 등의 이벤트도 좋다.

4
마당에서
긍정 경험 만들기

| 팀 빌딩? 그때는 지겨웠지만, 지금은 그립고 필요하다! |

과거 회식과 단합대회 등의 조직력 강화 행사들은 '좋은 의도'로 실시되었지만, 시간이 지날수록 그 효과성이 낮아졌다. 왜냐하면 우리는 서양의 저맥락 문화와 달리, 일터 동료들과 많은 것을 공유하고 하루 대부분의 시간을 함께 보내며 동고동락했기 때문에, 서로를 이해하기 위한 추가적인 시간이 간절하지 않았다. 이런 이유로 주말 등산과 휴일 체육대회 개최는 매우 부담스러운 일의 연장으로 인식되어, 빠지고 싶은 행사로 손꼽았다. 게다가 일방적이고 획일적인 방식으로 진행되기 일쑤였기에 거부감을 불러일으키기도 했다.

하지만 지금은 팀 빌딩이 필요한 상황이 되었다. 최근 한국사회의 일터 문화는 미국보다 더 미국 같은 '저맥락 문화'로 변화되었다. 동료에 대한 관심과 이해가 부족하다. 일터에서 명확하게 자신에게 주어진 임무만 완료하면 문제없다고 생각하고, 밥벌이를 위한 곳으로 선을 구분하는 사람들이 증가했다. 일하는 과정의 성취감이나 보람, 동료애 등의 긍정 감정을 자주 경험하지 못하는 경우가 많아졌다. 이런 변화에는 팬데믹 이후 라이프스타일과 90년대생의 꾸준한 사회진출도 한몫했다.

쉼 없는 경쟁 속에서 '언제나 불안한 사람'들은, 마치 플라톤이 비유했던 동굴 속에 고립되어 있는 모습과 비슷하다. 자신의 입장에 가장 유리한 선택을 하지만, 고립된 상황에서의 결정은 집단 전체에게는 최악의 선택이 되어버리곤 한다. 이전처럼 광장과 운동장, 극장에 나와서 자신과 비슷한 수많은 사람들이 있다는 사실을 확인하고, 협업하고 연대하는 긍정 경험이 필요하다.

- 영화, 공연, 전시회, 운동경기 관람
- 테마가 있는 회식
- 체육대회나 명랑운동회
- 사회공헌 활동 참여
- 아웃도어 행사

설령 '좋은 의도'로 비용을 집행하며 실행하더라도, 추진 과정부터 공감과 지지를 얻도록 주의를 기울여야 한다. 팀의 상황과 구성원의 니즈를 고려하여, 참여적 의사결정을 통해 방법을 결정하는 것이 바람직하다.

고마움과 미안함을 공유할 수 있는 운동장

TV 예능 프로그램 중 〈골 때리는 그녀들〉이 많은 인기를 얻고 있다. 대부분 처음 축구를 하게 된 여성 유명인들이, 직업군별로 팀을 구성해서 축구 시합을 하는 내용이다. 시간이 흐르면서 축구에 점점 진심으로 빠져드는 출연자들 덕분에, 초기 파일럿 버전의 프로그램은 정규 편성되었고 규모도 훨씬 커지게 되었다. 어느 날 모델들로 구성된 '구척장신팀'의 주장 한혜진 님이 경기 중 부상으로 병원에 이송되는 상황이 발생했다. 예기치 못한 부상으로 팀의 차석이었던 이현이 님이 주장 역할을 하며 경기를 치르게 되었다. 경기를 마친 후 이현이 님이 발을 동동거리고 울면서 "미안해."라는 독백을 연신 반복한다. 이후 인터뷰 장면에서 그 이유를 말했다. "내가 주장의 입장이 되어보니, 선배가 왜 그렇게 행동했는지 이해가 되었어요." 선배가 얼마나 힘들었는지 알게 되었다는 취지였다. 선배의 드러나지 않았던 헌신에 대한 '고마움'과, 자신이 더욱 열심히 돕지 못했다는 '미안함' 때문이었다.

골키퍼였던 아이린 님의 이야기도 인상적이었다. 경기를 마치고 라커룸에서 정리하는 도중, 아이린 님이 갑자기 훌쩍이며 눈물을 흘린다. 그러자 팀 후배인 동료들이 등을 두드리며 위로한다. 이후 인터뷰에서 그때의 감정에 대해서 고백한다. 경기 중 갈비뼈에 금이 가는 부상을 입고 치료를 받는 중이라 너무 고통스러웠다고 한다. 도중에 포기하고 싶기도 했지만, 모든 선수들이 최선을 다하니까 힘들다고 쉬거나 못 한다고 이야기할 수 없었다고 고백한다. 경기 중에는 자신의 실수에 대해 동료들에게 "미안해."라는 말을 반복하던 장면이 나온다. 인터뷰를 마무리하면서는 "모두가 최선을 다하니까, 거기서 서로 에너지가 되고 힘이 되고 의지가 되는데, 끝나면 진짜 허전할 것 같아요… 안 끝났으면 좋겠어요."라며 울먹인다.

각자도생의 버거운 모델 세계에서는 철저하게 경쟁에서 승리해야 생존이 가능하다. 만약 A가 이번 패션쇼에 선발되면, 다른 모델들은 밥벌이와 매력적인 무대에 설 기회를 놓치게 되는 '제로섬 게임'이다. 동료로 인식하기보다는 경쟁자와 적으로 인식해 왔을 것이다. 하지만 축구경기를 함께하며 공동의 목표를 위해 긴밀히 협력해 가는 과정을 경험할 수 있었다. 승리와 실패를 함께하며, 그 감정의 경험을 공유했다. 서로에 대한 '고마움과 미안함'을 바탕으로 진정성 있는 동료애를 경험했다.

팀보다 더 위대한 개인은 없다는 오래된 가치를 재조명하고, 새롭게 포지서닝하는 과정이 필요하다. '나는 당신이 필요하고, 당신도 내가 도움이 될 수 있다.'는 상호 의존성을 느낄 수 있어야 한다. 팀의 동료들과 함께 즐겁고, 보람되고, 고맙고, 자랑스럽다는 감정을 느낄 수 있는 경험을 제공해야 한다. 희로애락의 감정을 유발하는 구체적인 경험에 함께 참여할 때, 구성원의 소속감과 자부심, 몰입도가 높아진다. 리추얼은 이를 실현할 수 있는 리더의 효과적인 전략이 될 수 있다.

5장

예측 가능성을 높이기 위한 규칙(Rule)을 만드는 방법

조직문화를 관리하라고 하면, 너무나 추상적이고 포괄적인 개념이라 어떻게 접근할지 엄두가 나지 않는 경우가 많다. 이때 본래의 개념에 주목하면 단서를 찾을 수 있다. 본래 조직문화란 해당 조직의 구성원들이 공유하고 있는 가치와 믿음 그리고 행동 양식으로 다른 조직과 구별되는 특징으로 볼 수 있다. 바람직한 조직문화는 구성원들의 소속감과 자부심, 응집력과 협력 그리고 지속 가능성에 긍정적으로 기여한다.

여전히 개념이 어렵다고 생각할 수 있을 것이다. 하지만 공통의 행동 양식은 구성원들이 함께 지키기로 약속한 '사회적 규칙'으로 볼 수 있다. 다시 말해, 조직문화를 관리하려면 구성원들의 공통된 행동 양식에 초점을 두어야 한다. 이를 효과적으로 관리하려면, 명확한 규칙을 만들어 행동을 가이드하고 자연스러운 습관으로 정착시킬 수 있다.

1

규칙은 무엇이고,
왜 중요할까?

| 규칙은 공존을 위한 약속 |

　규칙이란 특정한 집단이나 조직 내에서 반드시 지켜야 하는 행동 규범이나 원칙을 의미한다. 예를 들어, 불특정 다수가 이용하는 도로에서는 보행자와 운전자 모두가 안전하게 이용하기 위해 '도로교통규칙'을 준수한다. 신호등과 안내표지의 가이드에 따라 행동해야 모두에게 이익이 된다. 학교와 직장, 군대, 교회, 성당, 사찰, 모임 등 여러 사람들이 함께 공간을 공유하는 경우 예외 없이 규칙이 있다. 심지어 가족과 친구 사이에도 서로 좋은 관계를 유지하기 위해, 명시적 규칙이 없더라도 암묵적인 약속은 존재한다. 이처럼 모든 규칙은 집단이나 조직의 목표달성과 구성원들의 원활한 협력을 이끄는 데 중요한 역할을 한다. 동일한 조직문화를 공

유하고 있다는 정체성을 형성하고, 소속감과 연대의식을 강화하는 데 기여한다.

출처: ⓒKeiron Crasktellanos, unsplash.com

공정성과 예측 가능성을 높여준다

다수의 사람들이 모인 조직에는 '차이'에 따른 '갈등'이 잠재하고 있다. 규칙은 상황에 따라서 해석이 달라질 수 있는 주요 쟁점에 대해서, 사전에 명확하게 정의해 둔 것이다. 규칙은 입장에 따라 주관적으로 해석하지 못하도록 막고, 갈등을 예방하고 조정하는 기준이 된다. 구성원 모두에게 예외 없이 동일하게 적용된다는 점에서 공정성을 높일 수 있다.

규칙은 구성원 개인이 누릴 수 있는 자유와 권리의 한계를 명확하게 규정함으로써, 동일한 조직에 소속한 구성원 모두의 이익과 안전을 증진할 수 있도록 돕는다. 불확실하고 모호한 사항에 대해서 '눈치껏 알아서' 행동했던 것들을 보다 자유롭게 상호 작용하도록 도와준다. 예측 가능성을 높여주기 때문에, 규칙은 구성원 상호 신뢰의 구축에도 기여한다.

저맥락 상황의 다양성이 높은 수평사회, 규칙은 더욱 중요해진다

여러분은 새로운 가전제품을 구입한 후 사용설명서를 몇 번이나 읽어보는가? 가끔 사용 중 문제가 있을 때 자료를 구석구석 살펴보지만, '내가 진짜 원하는 내용'은 찾기 어려운 경우가 많다. 친절한 설명보다 중요한 부분을 요점 중심으로 작성했기 때문이다. 반면 서양의 매뉴얼을 보면, 지나칠 정도로 상세하게 구성되어 있다. '굳이 이런 것까지 설명할 필요가 있을까?', '이 정도는 당연히 알고 있는 것 아닌가?' 하는 부분까지 빼놓지 않고 반영하고 있다.

이는 서양문화의 기본 가정 때문으로 볼 수 있다. 상대방은 내가 알고 있는 것을 모를 수 있다는 전제에서 자료를 작성한 것이다. 역사적으로 서양문화는 낯설고 이질적인 사람들이, 서로 공유하는 부분이 없음에도 불구하고 긴밀하게 상호작용을 통해서 발전해왔다. 인종과 언어, 문화 등이 전혀 다른 사람들이 필요한 상품을 거래하기 위해 '쌍방이 합의한 규칙'을 만들어 '거래의 안전성과 신뢰 수준'을 높일 수 있었다. 이것이 효시가 되어 훗날 '등기제도'와 '공시제도' 등을 만들었다.

최근 우리 사회는 급속히 서구 문화로 전환되고 있다. 이런 현상은 디지털 기술의 발달과 그것에 익숙한 새로운 세대들의 사회 진출이 높아지면서 더욱 가속화하고 있다. 전통적인 우리 문화의 기본 가정인 '이 정도는 당연히 배웠거나, 알고 있겠다.'는 생각을 버려야 한다.

노동 및 사회, 안전에 대한 법규 증가

주40시간이 보편화되면서, '저녁이 있는 직장인의 삶'이 이제는 익숙해졌다. '칼 퇴근'보다는 '정시 퇴근'이라는 용어가 자연스러워졌다. 조직의 일방적 처우와 명령에 순응하던 문화에서, 근로계약서와 취업규칙부터 명확히 설명을 듣고 서명하는 '노동계약관계'가 시작된 지 오래다. 근로시간뿐 아니라, 일터에서 구성원의 인격권을 존중하기 위해 '갑질 금지' 등의 법규가 더욱 강화되었다. 게다가 사회적 재난으로 안전과 환경에 대한 법규들이 꾸준히 증가했다. 과거 암묵적 신뢰를 중시하던 관계에서, 명시적 계약을 기반으로 '이익사회'로 전환하였음을 명확히 선언하고 있다.

규칙이 까다롭고 불편한 측면도 있지만, 구성원 다수의 자유로운 행동의 한계를 명확히 한다는 긍정적 기능도 있다. 기존에 눈치와 염치를 보면서 '알아서' 행동했던 고맥락적 불편함에서, 명확한 기준의 범위 아래서 '당당하게' 행동하도록 도와준다.

핵심 개념과 가치 중심의 간결한 규칙 vs. 구체적 사례를 빠짐없이 열거한 충실한 규칙

우리나라 헌법조문을 읽어 본 경험이 있는가? 대한민국 헌법 제1조 ① 항은 "대한민국은 민주공화국이다." ②항은 "대한민국의 주권은 국민에게 있고, 모든 권력은 국민으로부터 나온다."라고 선언하고 있다. 숭고한 공유 가치를 담고 있지만, 다양한 상황에 어떻게 적용하고 해석해야 할지는 막막하다. 이를 구체적으로 다루고 있는 것이 하위 법이다. 그리고 명령과 조례, 규칙으로 상세화하여 실제에 적용한다.

예를 들어, 헌법상 국민주권의 원리를 실현하기 위해서 선거 관련 법률이 존재한다. 이를 바탕으로 선거관리 위원회에서는 필요한 사항을 대통령령으로 정하고, 일선 선거 관리 사무소와 지방자치단체 등에 상세한 운영에 필요한 조례나 규칙을 만들어 전달한다.

이처럼 넓은 개념의 규칙과 상세한 조항의 규칙이 함께 존재한다. 만약 상세한 내용들로 구성한다면, 환경 변화에 따라서 수정하고 변경할 내용이 많이 발생한다. 게다가 수많은 상황들을 모두 열거하지 못하면, 그때마다 모호함 속에서 혼란을 겪을 수도 있다.

조직에서도 그렇다. 민감한 사항이라면, 매우 구체적으로 규정을 만들어 오해와 다툼의 여지를 만들지 않도록 해야 한다. 하지만 모든 사안을 해석하고 결정 내릴 수 있도록 가이드를 만드는 것은 불가능하다. 그래서 핵심가치를 더욱 강조하는 것이다. 결국 낯선 상황에 대한 해석과 판단의 기준은 '추상적 가치'이기 때문에, 이를 중심으로 전파하고 내재화하도록 초점을 두는 것이다.

규칙은 다양한 사람들이 공동의 목표를 위해, 존중을 바탕으로 역할과 프로세스를 명확하게 나누어 시너지를 발휘하도록 도와준다.

2   어떤 규칙이 필요할까?

규칙은 구성원들의 상호작용과 관련한 내용을 반영해야 한다. 왜냐하면, 잠재적 갈등과 이해 충돌을 줄이는 것이 목적이기 때문이다. 또한 과업 수행 과정에서 빈번하게 마주하는 상황에 대한 명확한 기준을 제시해야 한다. 구성원들이 모호함 때문에 주저하거나 자의적으로 판단하지 않도록 가이드를 제시해야 효율성이 높아진다. 궁극적으로 다양한 구성원들의 협업과 시너지를 촉진하기 위해 꼭 필요한 행동이라면, 규칙에 반영하는 것이 바람직하다.

규칙은 공식적인 법조문이나 사규처럼 존재할 수도 있지만, 인간의 보편적인 윤리와 오랜 관습에 따라 형성된 암묵적인 경우도 있다. 조직문화의 차이에 따라, 암묵적인 영역을 구체적인 규칙으로 반영하기도 한다.

성과 수준이 높은 조직이 가지는 규칙

성과 수준이 높은 조직은 공통의 목표, 구성원의 역할과 책임, 일하는 방식인 프로세스에 대한 명확성이 높다. 이를 구체적으로 실천하는 과정에서 리더와 구성원, 구성원과 구성원의 신뢰 수준이 높다.

• 목표 수립 규칙

목표를 구체적으로 수립하는 가이드가 있다. 가이드에는 목표를 효과적으로 달성하기 위한 계획까지 반영한다. 목표와 계획은 구성원들이 서로 이해하도록 공유해서, 개인의 역할과 기여도를 확인하도록 한다.

• 지속적인 평가와 개선을 위한 규칙

계획했던 목표에 대한 실천과 결과에 대한 평가를 정기적으로 실시하고, 이를 개선하기 위한 시간을 갖다. 구체적으로 성취한 결과에 대해서는 축하와 인정의 메시지를 전달하고, 문제에 대해서는 근본 원인을 파악하고 해결안을 발굴하여 지속적으로 성과 수준을 향상시킨다.

• 역할과 업무를 배분하는 규칙

구성원의 역할을 명확하게 정의해서, 자신의 역할에 집중하고 책임을 지도록 유도한다. 담당이 모호한 업무에 대해서도 미리 수립한 규칙에 따라서 배분한다. 구성원들은 자신의 역할에 따라 높은 수준의 자율성과 책임을 부여 받는다.

• 상호 존중과 신뢰를 위한 규칙

구성원들은 서로의 역할과 전문성을 인정하고, 신뢰 관계를 구축한다. 구성원들은 서로에 대한 존중과 신뢰를 기반으로 협력한다.

• 의사소통 규칙

성과 수준이 높은 팀은 효과적인 의사소통 규칙이 있다. 소통 목적과 주제에 따라서, 어떤 소통 채널과 방법을 사용할지 미리 정하고 있다. 적시에 정보를 공유하고 피드백을 주고받으며 긴밀하게 협업을 한다.

여기에서는 상호 존중과 배려, 공정성 제고, 협업 촉진을 위한 3가지 측면의 구체적인 규칙에 대해서 살펴보겠다.

상호존중과 배려를 위한 규칙

- 올바른 호칭과 경어 사용

떡집에서 물건을 살피던 한 손님이 "여기! 이 송편 만 원어치 포장해 줘."라고 주문한다. 사장님은 "네."라고 짧게 답하며 옆에 있는 손님에게 질문한다. "손님은 뭘 드릴까요?" 그러자 옆 손님은 "사장님 저도 같은 송편으로 만 원어치 주시겠어요?"라고 주문한다. 사장님은 "네."라고 대답하며 분주하게 포장한다. 잠시 후 첫 번째 손님이 불만을 토로한다. "이봐요, 내가 주문한 송편이 훨씬 적은 것 같은데, 왜죠?" 사장님이 답변한다. "네, 옆 손님은 사장님이 드린 거라 다를 수밖에 없어요."

철수 님!, 철수 씨!, 철수야!, 임마!, 새끼야!, *새끼야!!, **새끼야!!!

호칭은 상대방과의 관계를 결정한다. 상대방에 대한 존중감을 전달할 수 있는 표현이 되기도 한다. 종종 반말이나 비속어로 말해서 '여과 없는 감정'을 그대로 전달하는 실수를 범하게 되기도 한다. 위계적이거나, 자신이 우월한 입장인 '갑'이라고 생각하는 경우 그렇게 말하기도 한다. 상호 존중하고 배려하기 위해서는 올바른 호칭을 사용해야 한다.

조직문화에 따라, 리더가 구성원의 이름을 부르는 경우도 있다. 공식적인 호칭보다는 비공식적인 친밀감을 표현하기 위한 의도이다. 모두가 그렇게 이름을 부른다면 문제가 되지 않지만, 자신보다 나이가 어리거나 친밀한 구성원에게만 그렇게 호칭한다면 주의해야 한다. 마찬가지로 반말이나 평서형 표현을 하는 경우도 그렇다. 상호 존중을 위해 까다로운 예법에 맞는 표현을 찾을 필요는 없지만, 경어를 사용하는 것이 바람직하다.

- 다양성과 포용, 프라이버시 존중

다양한 배경과 관점을 가진 구성원들이 함께 있다는 점을 고려해서, 차별하거나 편견을 갖지 않도록 주의해야 한다. 성별, 종교, 출신의 다양성을 인정하고 존중해야 한다. 리더는 모든 구성원들에게 공평한 기회를 부여하고 존중감을 표현해야 한다. 특히, 개인의 사적인 공간과 사생활을 침해하지 말아야 한다. 개인정보에 대한 법규도 강화되고 있다는 점을 고려해서, 구성원의 개인적 이슈를 공개적으로 전파하는 일이 없도록 해야한다.

- 유연 근무와 집중 근무 기준

최근 노동법 변화와 코로나 팬데믹 이후 근무 형태가 매우 다양하게 정착되었다. 구성원 각자의 상황에 적합한 '시차 출퇴근제'를 운영하거나 재택으로 근무하는 형태도 많아졌다. 게다가 자유로운 휴가 사용이 일상화되면서, 일과 삶의 균형을 추구하는 경우가 증가했다. 이제 구성원 모두가 같은 시간, 공간에서 함께 일해야 한다는 생각은 고정관념이 되어 버렸다. 이를 고려해서, 기존에는 없었던 '근무 수칙, 원격 근무, 유연 근무 가이드' 등을 제작하는 경우들이 많았다. 팀마다 상황이 다르다는 점을 고려해서, 집중 근무 시간에 대한 규칙을 정하는 것도 좋다.

예를 들어, 하루 중 오전 9~11시까지와 오후 2~4시까지는 장소와 상관없이 집중 근무를 한다는 약속을 정하기도 한다. 이때, 서로에 대한 업무 요청과 회의 등을 진행하도록 시간을 공유한다. 휴가 등의 사유로 상황이 다를 수 있다는 점을 고려해서, 협업 툴에 온라인 상태를 확인하는 것을 소통 에티켓으로 홍보하기도 한다. 그리고 근무시간 전후나 휴일에는 전화나 이메일 발송 등도 자제하도록 한다.

<화상회의 에티켓>

Does 이렇게 해 보세요.	Don'ts 이러시면 곤란합니다.
• 회의 아젠다를 마음 편히 말할 수 있는 독립된 공간을 확보하라! - 다른 사람을 신경 쓰지 않고 회의에 온전히 집중할 수 있는 공간 • 시간을 준수하라! - 접속은 시작 5분 전까지 완료 • 구체적으로 말하라! - "오후 2시 40분까지 보고 바랍니다." • 말의 스피드는 평소보다 조금 천천히 하라! • 다른 사람의 이야기를 기록하라! - 말한 사람과 내용을 함께 메모하라. • 듣는 사람의 피드백을 구하라!	• 질문은 말이 끝나고, 또는 채팅으로 하라. • 과도한 움직임을 하지 마라! - 얼굴의 움직임이나 몸, 손 사용 주의 - 화면이 흔들려 산만함을 주고, 잡음이 전달될 수 있다. • 약어나 전문 용어 사용을 주의하라! - 상대방이 모를 수 있다는 점을 고려하여 사용 시 반드시 확인하거나, 부연 설명하라. • 카메라를 응시하며 자연스러운 눈 맞춤을 하라. - 자료나 노트북 화면만 응시하지 마라! • 상대방이 말하는 도중, 마이크를 끄고 별도로 다른 전화나/동료와 대화하지 마라!

- 업무 요청과 회의 소집 기준

팀으로 일한다는 의미는 '나와 동료'가 긴밀한 의존관계에 있다는 의미이다. 이를 조직 차원으로 확대해 보면 더욱 복잡한 관계를 맺고 있다는 사실을 알 수 있다. 다시 말해, 나의 일을 마무리하기 위해서는 누군가의 구체적인 도움이 필요하다는 점이다. 그래서 상호 도움을 주고받는 경우들이 자주 발생한다. 이때, 상대방의 상황을 모르면서 최대한 빨리ASAP, As Soon As Possible를 요구하는 경우들이 있다. 긴급상황이라면 동료를 위해 우선순위를 조정해 줄 수 있다. 문제는 항상 그렇게 요구하는 경우이다.

자료가 필요한 납기를 제시하고 언제까지 회신이 가능한지 문의하는 것도 방법이다. 회의 소집도 마찬가지이다. 주로 리더가 소집하게 되는데, 구성원들의 상황을 배려하지 않고 갑작스럽게 '전원 회의 소집'을 요구하는 경우들이 종종 있다. 구성원들은 업무를 중단하고 참여하게 되는데, 영문도 모르고 참석하기 때문에 불만이 생기고 효과성을 기대하기 어렵게 된다.

예를 들어, 정기회의가 아닌 경우 최소 2일 전까지 일정을 공유하고 필요한 정보와 준비해야 하는 사항을 안내한다. 일정 잡기가 어렵다는 점을 고려해서, 아웃룩이나 공유 일정에 참석자 모두가 가능한 시간을 확인해서 회의 초대 메일을 발송한다. 이때, 어려운 구성원은 거절 메시지를 송부한다. 이런 과정을 통해 보다 빠르게 회의 일정을 조율할 수 있다.

공정성 지각 향상을 위한 규칙

공정성은 비슷한 노력을 투입했던 동료가 받게 되는 결괏값의 비교로 지각Perception한다. 만약 동료가 나보다 더 많은 보상을 결과로 받게 되면, 공정성이 깨졌다고 느끼게 된다. 이후 기존에 투입하던 노력을 줄이면서 결괏값에 균형을 맞춘다. 공정성이 낮은 조직에서는 구성원들이 몰입하지 않게 된다.

공정성은 크게 3가지 차원에서 느끼게 된다. 분배 공정성은 자신이 받게 되는 보상의 크기, 업무 분배, 인정 등의 과정에서 지각한다. 절차 공정성은 의사결정 과정의 절차와 제도 방법에 대해서 지각한다. 마지막 상호작용의 공정성은 리더와의 신뢰, 존중 등의 관계를 통해 인식하게 된다. 모두 구성원의 주관적 인식에 따라 달라지기 때문에, 완벽한 공정성을 확보하기는 어렵다. 희소한 자원을 할당Allocation하는 과정이기 때문에 모두를 만족시킬 수는 없다. 다만, '분배 과정의 절차 준수'는 리더가 책임져야하는 부분이다.

- 업무 배분의 기준

우리 팀의 과제 중 구성원별 본래 직무와 쉽게 매칭된다면, 무리 없이 배정할 수 있다. 문제는 특정 담당자에 귀속되지 않고, 팀 전체를 위해서 희생하거나 봉사해야 하는 과업의 경우이다. 팀 운영에 필요한 자료 관리, 경비 관리, 총무 또는 주무 역할의 경우 공식 직무로 운영하지 않는다면 구성원 모두가 예외 없이 담당한다는 점을 강조할 필요가 있다. 직무 관련성도 좋고, 직급별도 문제없다. 나름의 순서를 정하기 위한 기준을 명확히 해야 한다. 중요한 것은 막내나 후임자가 담당하는 것이 아니라, 구성원이라면 모두 한 번씩 진행해야 한다는 점이다. 구성원들과 합리적인 기준을 합의할 필요가 있다.

경영진과 고객으로부터 긴급한 지시나 요청이 있는 경우가 고민이다. 리더 입장에서는 과제의 성공이 가장 중요하다. 하지만 구성원들의 관점에서는 공정하게 배분되었는지가 훨씬 더 중요하다. 대부분 기존의 업무에 추가적으로 발생하는 업무라 기피 현상이 증가하고 있다. 제한된 납기까지 양질의 결과물을 만들어 낼 수 있는 구성원들이 많다면, 업무량을 고려해서 배분할 수 있다. 만약 유일하거나 소수의 구성원만이 가능하다면, 어쩔 수 없이 업무량이 증가할 수밖에 없다. 이때 기존의 운영성 과업이나, 난도가 낮은 과업에 대해서는 다른 구성원에게 배분하는 조정 과정이 필요하다. 열심히 일한 유능한 구성원에게 결국 '일'을 보상으로 줄 수는 없다. 그것은 '벌'로 이해되며, 탈진할 가능성이 높아진다. 가장 중요한 원칙은 '직무 가치, 책임의 크기'에 따라 배분하는 것이다. 쉽게 말해, 직급과 연차가 높은 구성원이 더 많은 가치 창출의 책임을 져야 한다는 의미이다.

팀 구성원 모두가 동일한 직무를 수행하기 때문에, 지역/고객/시간 등의 차이를 감안한 업무 배정에 고충을 갖는 리더들도 적지 않다. 예를 들어 같은 병동에 3교대로 근무하는 간호사 조직, 동일한 버스노선의 운전기사 조직, 같은 조직에 근무하는 소방관과 경찰관 그리고 군인들도 마찬가지이다. 구성원 모두가 선호하거나 기피하는 업무를 할당하는 과정은 쉽지 않다. 아무리 노력해도, 누군가는 반사적 이익을 누리고 그 반대는 손해를 보는 경우가 생기기 때문이다. 입사순, 직급순, 연령순, 성명순 등 어떤 기준이든 구성원들과 합의를 통해 만드는 것이 가장 중요하다. 의사 결정 과정에 구성원이 참여하면, 수용도가 높아지고 공정성 지각에 긍정 적으로 작동한다.

- 평가 보상의 기준

최근 절대평가제를 도입하는 기업들이 늘어나고 있지만, 최종 등급은 '상대평가'제도를 유지하는 경우가 대다수이다. 모든 집단을 상대적으로 서열화해서, 반드시 낮은 등급을 부여하도록 가이드하고 있다. 수치화한 정량적 KPI를 통해서 측정하고, 순위를 명확하게 나눌 수 있다면 그리 고민스럽지 않다. 하지만 서로 다른 직무와 과제에 대해서, 난이도와 노력도를 고려해서 목표 수준을 설정했는지는 의문스럽다.

그럼에도 각자의 과제와 직무는 다르지만, 팀 차원의 공통 목표와 상호 협업을 위한 실천 행동을 공통 목표로 반영하는 데 이견은 없다. 평가 기준의 일부를 공통 목표에 반영하는 것도 방법이다. 협업과 소통, 존중 등 약속된 실천 행동의 발휘 수준을 비중 있게 다루는 것도 좋다. 이때 리더 혼자 관찰해 평가하기에는 어려움이 있다. 구성원들에게 상호 평가에 참 여하도록 요청하든가, 우수자를 추천 받아 이를 반영하는 방식으로 운영할 수도 있다.

가장 중요한 원칙은 고객 관점에서 평가해야 한다. 구성원 입장에서 최선을 다했지만, 고객이 만족하지 못했다면 높은 평가를 기대하기 어렵다. 고객 중 내부고객은 최고경영진과 긴밀히 연계된 상위조직이다. 따라서 팀과 상위조직의 목표 달성 공헌도가 높은 경우 상대적으로 기여도와 성과가 높다고 판단할 수 있다.

효과적 협업을 위한 공통 프로세스

모든 조직은 추구하는 목적과 형태에 상관없이, '공통적인 프로세스'가 존재한다. 2명 이상의 사람이 '팀을 통해 목표를 달성하는 과정'이라면 꼭 필요한 '반복적인 프로세스'가 있다. 예를 들어, 의사소통과 의사결정 그리고 갈등관리와 문제해결 등이 그것이다. 심지어 경조회나 동창회 모임에도 의사소통과 의사결정 프로세스를 정의한 규칙이 있다. 구성원이 이를 충실히 실천할 때, 시너지를 발휘할 수 있다.

공통 프로세스를 만들 때, 서로 이질적 배경을 가진 집단 구성원 각자에게 익숙한 프로세스가 아닌 모두가 효과적으로 사용할 수 있는 프로세스로 합의해야 한다. 각자 익숙했던 과거 방식의 우위를 논쟁하기보다는, 상황에 맞는 방식을 선택해야 한다. 각 프로세스를 간략한 그라운드룰로 만들어 꾸준히 실천을 촉진할 수 있다.

공통 프로세스	그라운드 룰
의사소통 언제, 얼마나 자주, 어디에서 만나고, 누가 관여되어야 하며, 결과에 대해 알아야 할 사람은 누구일까?	• 정기 미팅을 통한 소통: 주간 팀 미팅(매주 월요일 4p.m.), 파트별 미팅(매주 화요일) • 이메일 커뮤니케이션 룰: 메일 전달 시 '시사점, 대안'에 대한 의견을 반드시 포함한다.
회의 진행 어떻게 하면 효율적으로 회의를 진행할 수 있을까?	• 회의 시작 전 안건(agenda)에 대해 공유한다. • 회의 필요시 회의 시간과 참석자를 명확히 하여 요청한다. • 참석한 구성원들은 발언의 책무를 진다.
의사결정 업무에서 의사결정은 어떻게 이루어져야 할까?	• 협의를 추구하며, 필요시 합의를 사용한다. • 시급한 사안으로 협의/합의를 위한 시간을 갖기 어려운 경우 결정권자/책임자의 판단에 따른다.
문제해결 문제가 생겼을 경우 어떻게 해결해야 할까?	• 문제 정의, 근본 원인 파악, 해결의 순으로 처리한다. • 해결안 보고 시 잠재적 위험, 한계도 공유한다.
교육 참여 및 휴가 사용 업무 관련 교육 참여 및 휴가 사용은 어떻게 이루어져야 할까?	• 휴가 사유는 상호 묻지 않는다. • 부재 시 담당할 업무 인수자와 인수 범위를 명시한다. • 교육 결과는 2주 이내, 전체에 공유한다.
기타(팀 빌딩, 회식 및 경조사) 이외에 원활한 업무를 위해 함께 지켜야 할 룰은 무엇이 있을까?	• 친목을 위한 회식은 자율 참여로 운영하며, 업무상 회식은 점심시간을 활용한다. • 반기 1회 팀 빌딩은 평일 오후 시간을 활용한다.

3

규칙의 유효성은
어떻게 확보할까?

구성원의 참여를 통해 규칙 만들기

과거 위계적 조직에서는, 리더가 결정한 규칙을 모두에게 적용하도록 요구하는 방식이었다. 오랜 경험과 탁월한 전문성을 기반으로 '정답'이라고 확신할 만큼 검증되었기 때문일 수도 있다. 현실적으로는 지위에 기반한 공식적 권위로 '소수'가 정하고, '다수'가 묵묵히 따라야 하는 경우가 많았다. 하지만 이제는 환경 조건이 완전히 달라졌다는 점에서 '최적의 규칙'으로 보기 어려워졌다. 게다가 수평사회로의 전환으로 권위는 약해졌다. 이런 배경을 공유하지 않은 구성원들에게는 '답정너'로 해석될 여지가 크다. 그러므로 규칙은 구성원들이 함께 합의한 결과로 만들어져야 한다. 규칙을 만들기 위한 의사소통과 의사결정 과정에 구성원이 함께 참여해야, 수용도와 실행도를 높일 수 있다.

규칙 준수 우수자와 위반자에 대한 조치

규칙은 존재하지만, 누구도 지키지 않는다면 '생명력'을 잃은 것이다. 개인 차원의 규칙과 약속을 지키지 않으면, 신뢰를 잃고 관계가 단절되기도 한다. 조직의 경우라면 훨씬 더 심각하다. 사회 법규 위반 시에는 상응하는 처벌과 불이익을 받게 된다. 조직에서도 마찬가지다. 리더가 문제 행동을 인지하였음에도 불구하고 방치한다면, 이를 암묵적으로 용인한다는 메시지를 줄 수 있다.

중세시대 광장의 단두대를 상상해 보면 너무 끔찍하다. 하지만 당시 그 목적은 선량한 다수에게 '범죄 계획을 모의'하지 못하도록 만들기도 했다. 중대한 위반 사례에 대해서는 구성원 전체와 명확하게 소통하고 재발 방지를 위한 조치에 대해서도 전달해야 한다.

물론, 엄정한 처벌이 최선의 방법이 될 수는 없다. 팀의 규칙을 지키지 않는 구성원에게 패널티를 부여할 수 있지만, 두려움과 긴장감은 '새로운 저항'을 유발할 수 있다. 이에 앞서 충실하게 규칙을 준수하고 실천하는 사례를 중심으로 보상하고 공식적으로 인정하는 과정이 필요하다. 우리 팀이 지향하는 바람직한 행동의 기대치가 무엇인지를 명확하게 소통할 수 있다.

규칙의 공유와 최적화

규칙은 조직 구성원 모두가 명확하게 인지하고, 구체적으로 행동하도록 가이드가 되어야 한다. 한번 만든 규칙은 잊지 않도록 꾸준히 리마인드 해야 한다. 적용 과정에서 모호함이 있는 경우, 구체적인 사례를 기반으로 명확히 전파해야 한다. 위반 사례 등에 대해서도 공유가 필요한 경우도 있다. 구성원들과 정기적인 모임이나 워크숍을 진행할 때, 리뷰하는 시간을 가져야 한다.

규칙을 만들었을 때 '전제가 되었던 환경'의 변화가 있다면, 재빨리 개선해야 한다. 구성원 다수의 공감과 지지를 받지 못하면, 영향력을 발휘할 수 없다. 주목할 부분은 '모두'가 아니라 '다수'라는 점이다. 모두를 만족시킬 수 있는 규칙을 만들기 쉽지 않다. 다만, 현실적 타협점에서 다수의 만족에 초점을 둘 수밖에 없다. 이런 이력을 잘 관리하도록 나름의 버전을 관리해서, 최적화 상태를 유지할 수 있다.

6장

애자일 하게
일하기 위한
소통 루틴(Routine)
만드는 방법

간단한 보고서를 작성하는 것에서 거대한 건축물을 만드는 복잡한 일까지 모든 일은 추진 단계의 공통점이 있다. 혼자서는 절대로 이룰 수 없는 목표를 달성하기 위해서, 필요한 과제를 도출하고 실행할 계획Plan을 수립한다. 계획에는 목표와 역할 그리고 순서에 따라 처리해야 할 활동을 반영한다. 계획이 구체적으로 완성되었다면, 시간의 흐름에 따라 단계적 활동을 실행Do한다. 가끔은 예상하지 못했던 어려움을 만나지만, 이를 극복하며 결과물을 만들어 낸다. 이후 결과물과 추진 과정 전반에 대한 평가See를 실시하고, 경험에서 지식을 얻는다.

Plan-Do-See, 조직문화의 가장 구체적인 모습이 '일하는 방식'이다. 모든 조직은 목적과 산업 분야, 내부의 가치 창출 프로세스와 구성원 등이 다르기 때문에 고유한 방식 Way of work을 갖고 있다. 일을 바라보는 관점, 프로세스, 활용하는 양식, 체크포인트 등이 다르다. 오랜 시간 반복을 통해서 고유한 형식을 갖추어 형성되었기 때문에, 이는 다른 조직과 구별되는 조직문화가 된다.

1 애자일 하게
일하는 방법은 무엇인가?

정확한 예측보다, 민첩한 대응 전략 채택

예외적이고 비정형적이며 복잡한 일들의 비중이 높아지면서, 정해진 일들을 정해진 방식으로 열심히 해서는 목표달성과 생존이 어려운 시대가 되었다. 당초 수립한 목표와 계획을 실제 적용하는 단계에서 기본 가정과 전혀 다른 환경으로 바뀌는 경우들이 더욱 증가하고 있다. 미래를 확실하게 예측하기란 불가능하며, 빠르고 민첩하게 대응하는 것이 효과적인 전략이 되고 있다.

예를 들어, 신제품 아이디어를 기반으로 올해 안에 출시하는 것을 목표로 수립할 수 있다. 제품의 완성도가 높을수록, 높은 시장점유율을 차지할 수 있기 때문에 신중에 신중을 기해 제품을 개발한다. 이때 경쟁사에서 비슷한 제품을 먼저 출시해버리거나, 고객의 관심사가 급격히 바뀌는 변화가 발생하기도 한다. 완성도를 높이려다, 가장 중요한 골든타임을 놓치는 것이다. 이를 개선하기 위한 방식이 '애자일 방법'이다. IT산업에서 시작되었지만 이제는 모든 산업에서 보다 민첩하고 유연한 방식으로 일하는 것이 새로운 트렌드가 되었다.

│ 새로운 시도를 확대해서, 최적의 결과물 도출 │

기존의 일하는 방식은 마치 폭포수가 위에서 아래로 떨어지듯, 계획부터 상위 단계의 작업이 완료된 후에 다음 단계로 진행되는 '워터폴' 방식이었다. 계획된 모든 요건을 완성한 후 시장에 제품과 서비스를 출시하는 방법이었다.

반면 애자일 방식은 시장의 고객과 변화에 유연하게 대응하면서, 조금씩 수정하고 보완하는 방식으로 일을 추진한다. 완벽한 상품보다는 핵심 기능 중심으로 최소화한 베타 버전의 상품을 먼저 출시한 후, 고객의 반응을 확인하고 더 나은 수준으로 개선하는 과정을 반복하며 일한다.

하나의 원을 크게 만들어서 1년에 한 번 돌리던 것에서, 매월 또는 수시로 작은 원을 만들어 더욱 자주 그리고 많이 돌리게 된 셈이다. 덕분에 소통의 빈도도 높이고, 시행착오도 줄일 수 있었다. 이게 바로 애자일Agile 방식과 연결된다. 과거 워터폴 방식으로 일하는 것을 '마라토너'라고 생각한다면, 애자일 방식은 '단거리 주자인 스프린터'로 비유할 수 있다.

고성과 조직이 일하는 방식

글로벌 인사조직 전문기관인 콘페리헤이그룹은 높은 성과를 창출하는 조직을 조사한 결과 6가지 공통적인 특징을 도출했다. 고성과 조직의 구성원들은 도전적인 목표에 대해서 명확히 이해하고 공감하고 일을 시작

일하는 단계	고성과 조직문화 특징	구성원의 인식 초점
목표설정 Plan	명확성 Clarity	팀원들 모두가 자신에 대한 기대를 알고 있으며, 팀과 상위조직의 전략과 어떻게 연계되어 있는지 명확하게 이해하고 있는가?
	목표 수준 Standards	도전적이지만 달성 가능한 목표 기대치를 전달하며, 이를 적극적으로 성취하도록 독려하는가?
실행 촉진 Do	유연성 Flexibility	업무 수행 시 불필요한 규칙이나 절차 없이 유연하며, 새로운 아이디어를 쉽게 수용하는가?
	책임성 Responsibility	업무 수행 시 책임과 권한을 충분히 부여 받아 자율성 있게 업무를 수행할 수 있는가?
평가/피드백 See	공정성 Rewards	업무 결과에 대해 적절한 인정이나 보상, 성장에 도움이 되는 양질의 피드백을 받고 있는가?
	조직몰입 Team Commitment	팀에 소속된 것이 자랑스럽고, 구성원 모두가 팀의 성공을 위해 충실히 노력하고 있는가?

한다. 업무 추진 과정에서는 자율과 책임을 바탕으로 유연성을 발휘하여 적극적으로 수행한다. 그리고 업무 수행 결과에 대한 공정한 보상과 성장에 대한 양질의 피드백을 통해, 구성원 모두가 더욱 몰입하는 모습을 보인다.

성과 관리 패러다임의 전환

최근 상시성과관리제도를 도입한 기업들이 증가했다. 변화환경에 유연하고 민첩하게 대응하기 위한 조치의 일환이었다. 그러나 일선의 리더들은 '상시성과 평가제도'로 오해하는 경우들이 많다. "일하기도 바쁜데, 언제 수시평가를 실시하나?"라는 반응도 볼 수 있었다.

이 부분은 성과 관리에 대한 명백한 오해이다. 성과 관리의 목적을 '평가를 통한 보상과 승진'으로 이해했기 때문이다. 이런 이유로 상당수의 사람들이 평가와 보상을 기준으로 안정적 수준의 목표를 형식적으로 수립하고, 일상의 긴급한 일을 중심으로 바쁘게 지내온 경우가 많다. 정작 평가 시점이 되어서, 평가 기준과 실제로 완료한 일들을 비교해 보면 차이가 나는 경우가 많다.

성과 관리는 조직의 전략 실행과 구성원의 성장을 돕기 위한 목적으로 도입된 제도이다. 가장 우선이 되는 것은 목표달성과 과제 실행의 성공이 지, 결과에 대한 평가가 아니다. 리더와 구성원 모두에게 도움이 되는 양 방향 소통 과정이 되어야 한다.

구 분	과거의 관점	새로운 관점
성과 관리 목적	평가를 통한 대상자 서열 결정	전략의 효과적 실행과 목표달성 및 팀원 육성 지원
성과의 범주	재무적, 정량적, 단기적 관점	정성적, 중기적, 장기적 관점 확대 (학습과 성장, 내부프로세스, 고객)
관리의 초점	과거의 결과에 대한 평가의 객관성과 정확성 확보	지속적 추진 과정에서 명확성 확보와 목표달성 지원
리더의 역할	결과에 대한 감독자, 평가자	과제 실행 과정의 조력자 코치, 멘토, 퍼실리테이터
팀원의 역할	소극적 실행 가이드라인, 평가 기준 중시	적극적 실행 자율과 책임, 새로운 시도
소통 방식	일방향/하향식 의사소통 지시, 수명	양방향/개방형 의사소통 면담 및 합의 중시

2 OKR 방식의 목표는 어떻게 수립할까?

OKR이란?

OKR은 구글을 비롯한 실리콘 밸리 기업들의 놀라운 성과와 함께 널리 알려지게 된, 성과 관리 방법 중 하나이다. 목표를 뜻하는 'Objective'와 구체적인 핵심 결과물인 'Key Results'의 이니셜로 만들어진 용어이다.

인텔의 CEO였던 앤디 그로브Andy Grove는 피터 드러커의 MBO를 경영에 도입해서 놀라운 성과를 이끌었다. 최고경영자인 그는 자신조차도 명확한 비전이 없는 상황에서 중간 관리자들과 토론을 통해서 '장기 전략'을 구체화했다. 이러한 경청과 질문의 양방향 커뮤니케이션 과정 덕분에, 팀 전체의 이해도와 실행력을 높이는 계기가 되었다. 이런 방식을 토대로 그는 OKR을 구체화했다.

이후 인텔의 엔지니어로 일했던 존 도어가 벤처투자자로 일하면서, 자신이 투자한 구글, 아마존, 트위터 등 실리콘 밸리의 기업들에게 전파하게 되면서 널리 알려졌다. OKR 방식은 실리콘 밸리의 기업들을 넘어서 전 세계로 확산되기 시작했고, 최근 조사결과에 의하면 포춘 500대 기업의 25% 이상에서 도입하고 있다.

OKR 관리는, 보다 간결한 소수의 핵심 목표에 집중하는 것을 강조한다. OKR 과제와 측정에 대한 기준은 관리자와 담당자의 상호 합의에 근거한 계약을 지향한다. 논의를 종료한 이후에도 지속적으로 수정 보완이 가능한 소통을 추구한다. 즉, 시장의 변화 때문에 목표가 현실적이지 않을 경우 이를 수정하거나 폐기할 수 있다는 것을 의미한다. OKR은 보다 도전적인 것을 지향한다. 긍정적 부담과 긴장이 필요함을 강조한다.

OKR이 지향하는 가치

OKR을 기존의 MBO와 전혀 다른 '성과 관리 방법'으로 인식하는 것은 철저한 오해이다. 왜냐하면, 1954년 피터 드러커의 『경영의 실제The Practice or Management』에서 처음 소개한 '목표에 의한 관리Management By Objective'에는 중요한 전제가 바탕으로 깔려 있다. 구성원들을 '긍정적'으로 바라보고, '스스로 목표'를 능동적으로 달성하기 위해 노력한다는 관점이다. 이런 의미에서 OKR은 본래 피터 드러커가 주장한 MBO의 가치를 현대화한 것으로 볼 수 있다.

<MBO와 OKR 방식의 차이점>

구분	MBO	OKR
운영 주기	1년	3개월
목표 개수	목표 5~7개, 목표별 KPI 1~3개 → 총 KPI 5~20개	목표 1개, 핵심 결과물 3~5개 → 총 3개 목표, 9~15개 핵심 결과물
성과 면담	연 3회 (목표 수립, 중간 점검, 결과 피드백)	매주, 매월, 매 분기 수시 진행
보상과 연계	보상과 직결되어 목표 수립 시 첨예한 대립 발생	보상과 연계보다는 성장과 도전적 과제 실행에 집중

OKR 방식이 강조하는 전제와 지향점을 몇 가지 강조하면, 다음과 같다.

첫째, OKR은 조직의 추상적인 전략과 목표를 구체적인 성과로 만들어 가는 과정을 지향한다. 보상에 초점을 두고, 결과만 평가하는 것을 지양한다. 좋은 평가를 위해서 '적당한 목표를 설정'하지 않는다. '도전적 목표'를 설정하고, 달성하지 못하더라도 이를 격려하고 인정한다.

둘째, OKR은 조직과 개인의 핵심 목표에 집중하도록 독려한다. 목표의 개수도 많지 않으며, 성공 여부의 측정 방식도 간결하게 한다. 구체적인 핵심 결과물을 중심으로 한 방향 정렬을 지원한다.

셋째, OKR은 목표달성 과정에서 리더와 구성원의 양방향 소통을 지향한다. 일방적 지시와 복종을 원하지 않는다. 연초에 목표를 수립하고, 연말에 결과를 평가하는 방식은 적합하지 않다. 추진 과정에서 긴밀하게 소통하는 것을 지향한다.

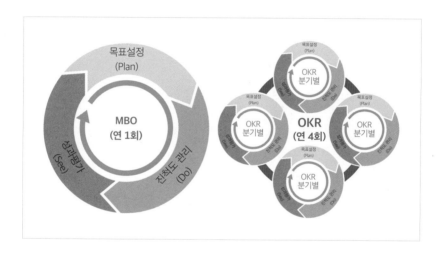

넷째, OKR은 환경 변화에 빠르고 민첩하게 대응하는 것을 지향한다. 분기별로 결과를 리뷰하는 것을 넘어, 일상에서 점검하고 '목표'에 적합하지 않을 경우 '폐기'하거나 '수정'하는 작업을 진행한다. 딱딱한 형식보다는, 유연성을 지향한다.

다섯째, OKR은 구성원의 자율성을 존중한다. 목표에 대한 합의 이후, 실행 방법에 대한 선택은 구성원에게 위임한다. 새로운 방법의 시도를 장려한다. 일방적인 지시와 복종을 강요하지 않고, 목표에 따라 자원을 스스로 관리할 수 있도록 지원한다.

여섯째, OKR은 팀 구성원의 협업과 시너지를 지향한다. 같은 구성원들의 목표는 모두 공개해서 언제든지 확인이 가능하도록 한다. 서로 자원을 공유하고, 능동적으로 도울 수 있도록 독려한다. 서로의 강점을 기반으로 상호 의존적인 팀워크를 추구한다.

일곱째, OKR은 구성원의 학습과 성장을 추구한다. 조직 차원의 목표달성에 대한 책임과 더불어, 그 과정에서의 경험이 의미 있는 '학습'이 되도록 지원한다. 사정형 평가보다는, 육성형 평가를 지향한다. 구성원의 경험을 인정하고, 조직의 지식으로 구체화하고 확산하는 기회를 제공한다.

목표 설정 원칙

OKR 방식의 목표 작성 문법은, 1개의 목표에 3~5개 정도의 결과물로 구성한다. 목표는 추상적이지만 도전적인 내용으로 작성한다. 반면 결과물은 구체적으로 측정하고 관리할 수 있는 내용으로 완료 시점과 품질 수준 등의 목표 수준을 숫자로 반영해야 한다.

구분	목표 Objective	핵심 결과물 Key Results
정의	• 이루고자 하는 최종 목표	• 목표달성 여부를 확인하는 척도
작성 방향	• 도전적인 내용이어야 한다. • 성공 확률이 50% 수준이다. • 질(質)적인 특성이 있다.	• 구체적으로 확인할 수 있어야 한다. • 핵심 결과를 모두 이루었다면 당연히 목표는 달성돼야 한다. • 양(量)적으로 측정 가능해야 한다.
작성 예시	• 최고의 플랫폼 기업이 된다.	• 블로그 방문자 수, 월 1만 명 달성, 9/30까지 • 고객데이터, 100만 건 확보, 10/30까지 • 영문 블로그 제작, 11/30까지
체크 포인트	• 회사 차원의 전략적 방향(미션과 비전)과 일치하는가? • 상위 조직의 OKR 달성에 구체적으로 기여하는가? • 3개월 동안 실행하기에 도전적인가?	• 결과 측정 KPI가 포함되었는가? • 마감 일자가 반영되어 있는가? • 도전적인가?

목표의 공유 방법

조직은 현재의 안정적 운영에 초점을 두고 있는 '본연목표'와 미래의 기회를 포착하고 위험을 회피하기 위한 '전략목표'를 가지고 있다. 구성원 입장에서 담당 직무에 대한 본연목표는 상대적으로 명확하다. 반면, 전략목표는 팀과 상위조직의 방향에 따라 달라질 수 있다.

전략목표를 수립할 때, 구성원의 참여를 통한 구체화 과정이 효과적이다. 리더는 무엇을, 어떻게 해야 상위 전략의 목표를 달성할 수 있을지 다양한 논의를 통해 결정하도록 이끌어야 한다. 이 과정을 통해 전략에 대한 이해와 공감대를 높일 수 있다.

전략을 결정했다면, 누가 실행을 담당할지에 대해서도 논의해야 한다. 팀 전체의 성과 기여도가 높거나, 난이도가 높은 과제의 경우 '역할기대치'가 높은 팀원이 담당하는 것이 바람직하다. 소위 '몸값과 과제'가 비례해야 한다는 관점을 공유하도록 이끌어야 한다.

전략 방향	팀 전략 목표	전략 과제	선정 검토(1~5점)				팀원 배분					
			중급도	시급성	난이도	합계	A	B	C	D	E	F
• x x x x	• x x x x	• x …	5	4	5	14		●	◎			
	• x x x	• x …	4	5	4	13	●			◎		
	• x x	• x …	5	4	4	13				●		◎

배분 과정의 공정성은 참여적 결정 절차로 확보

과제별 가치에 대한 평가를 토대로, 과제 성공과 팀원들의 형평을 고려하여 배분

생산성이 높은 조직은 구성원의 목표를 공유한다. 누가 어떤 목표를 통해 얼마만큼 기여하고 있는지를 구성원 전체가 인지하는 것을 중요하게 생각한다. 목표 설정 워크숍에서 전략과제를 배분하고, 각자 수립한 목표를 리더와 1 on 1을 통해 합의한다. 이후 최종 확정된 목표는 팀 전체 공유회와 시스템을 통해 구성원 모두에게 공유한다. 이를 통해 구성원들은

서로의 목표와 진척 상황을 파악하고, 상호 협력과 지원을 통해 목표달성
을 돕는다.

3

성과 촉진을 위한
CFR은 어떻게 실행할까?

OKR 방식이 구체적인 효과를 발휘하기 위해서, 가장 중요한 부분은 'CFR'이라는 성과 관리 소통 방식에 있다. 우리의 성과 관리 현실은, '어렵게 수립한 목표'도 점검하지 않은 채 '일상의 바쁜 업무를 처리하는 데 주로 시간을 할애'하는 경우가 대부분이다.

OKR 방식이 MBO 방식과 다른 가장 큰 차이점 중 하나가, 리더와 구성원의 양방향 빈번한 소통을 통한 목표달성과 성장이라는 측면이다. 이를 효과적으로 돕는 방법이 CFR이다. CFR이란, Conversation의 C와 Feedback의 F 그리고 Recognition의 R의 앞 글자를 합쳐 만든 용어이다.

Conversation 방법?

대화Conversation는 형식과 절차를 갖춘 보고와 발표 등과는 차이가 있다. 승자와 패자를 구분하는 논쟁이나, 정교한 논리를 기반으로 한 토론과도 다르다. 일상에서 자연스럽게 차를 마시고, 안부를 나누는 모습과 비슷하다. 잡담과 수다를 떠올려도 좋다. 심리적 부담감을 낮추고, 자연스럽게 생각과 감정을 주고받는 대화를 위해 다음의 3가지 원칙을 유념하기 바란다.

첫째, 양방향 소통

일방적인 메시지, 성과 점검 등의 자리가 되지 않도록 유의해야 한다. 목표달성을 위한, 다양한 실행 과제 추진 과정에 대한 다양한 의견을 주고받는 시간이 되어야 한다. 리더의 관점에서는, 결과에 대한 불안감을 제거한다. 구성원의 관점에서는, 추진 과정에 대한 인정과 지원을 받을 수 있는 기회가 된다.

둘째, 실시간 소통

이미 종료된 사안이나, 먼 미래의 이야기를 나누어서는 안 된다. 근접하는 상황의 이슈들에 대해서 다뤄야 한다. 매 1주 단위의 활동에 초점을 둔다. 중요한 사안이라면 실시간으로 공유하는 것도 필요하다. 꾸준히 중간 보고를 해서, 깜짝 놀라게 만드는 이슈가 없도록 해야 한다. 약속한 보고 일자 이외에도 평소에 더 자주 이야기 나누는 것이 효과적이다.

셋째, 간소한 소통

업무 추진에 대한 소통 빈도를 높이기 위해서, 형식을 다양하게 할 수 있어야 한다. 이미 페이퍼리스 오피스가 구현된 지 오래되었다. 업무 추진 결과에 대해, 형식을 갖춘 보고서와 결재판은 찾기 어렵다. 비공식적 또는 비형식적인 방법으로 긴밀하게 소통하도록 최대한 간소화한다. 휴게실과 화장실 등을 다녀오는 복도에서 우연히 마주하고, 자연스럽게 대화하는 것도 좋다.

Feedback 방법?

- 피드백은 모두가 주고받는 자연스러운 반응

피드백은 주로 리더가 구성원에게 전달하는 일방적인 소통으로 오해하는 경우가 많다. 위계조직에서 업무 결과에 대한 평가와 검토 의견을 피드백하는 행동과 연계해서 생각해왔기 때문이다. 애자일 하게 일하기 위해서는 구성원이 리더와 동료에게 전달하는 피드백도 활성화되어야 한다. 수평조직의 양방향 소통은 속도와 명확성 모두를 높일 수 있다. 이런 관점에서 '피드백'이라는 용어를 재정의할 필요가 있다. CFR에서의 피드백이란, '상대방의 행동에 반응하는 모든 활동'으로 보는 것이 타당하다.

예를 들어, 리더의 지시 내용을 이해하기 어려워 '질문'하는 것도 피드백의 일종으로 볼 수 있다. 동료의 질문과 요청에 '답변'하는 것도 피드백으로 볼 수 있다. 식당에서 음식을 먹고, 감사를 전하는 인사말도 마찬가지로 볼 수 있다.

- 피드백 유형 2가지

피드백은 상대방의 행동을 인정하는 긍정적 피드백, 행동 변화를 요구하는 부정적 또는 교정적 피드백으로 나눌 수 있다. 긍정적 피드백은 바람직한 행동에 대한 칭찬과 인정의 메시지를 전달함으로써, 그 행동을 더욱 강화하는 것을 목적으로 한다. 예를 들어, "잘했습니다!", "정말 성공적으로 일했습니다!", "훌륭한 아이디어 고마워요!"와 같은 표현을 동반한다.

반대로 교정적 피드백은 상대방의 성장과 발전을 위해 불편한 메시지를 전달한다. 상대방의 문제 행동을 객관적으로 인식시켜주고, 그 행동의 중단과 변화를 요청하기 위한 목적으로 한다. 예를 들어, "근무 중 실수가 있었습니다. 다음에는 조심해주세요!", "의견은 좋지만, 보다 명확하게 전달해주세요!", "보고 마감일을 준수해주세요!"와 같이 행동 변화의 기대치를 담고 있다.

- 효과적인 교정적 피드백을 위한 3가지 원칙
첫째, 심리 요인을 고려한 피드백

교정적 피드백을 전달해야 하는 상황이라면, 내 입장의 '화난 감정'을 전달하지 않도록 주의해야 한다. 상대방의 행동이 심각한 문제라고 판단되는 객관적 기준을 점검해봐야 한다. 이 절차를 통해 피드백이 필요하다고 판단된다면, 상대방의 심리적 준비도를 고려해서 적절한 타이밍을 선택해야 한다. 구성원과 라포를 형성하는 과정이 꼭 필요하다. 구성원의 입장에서 수용 가능한 소통 방법이 필요하고, 내용도 구체적으로 도움이 되어야 한다. 필요시 상대방의 동의를 구하고 전달하는 것도 좋다.

예시)

"오늘 보고서 작성과 관련해서 의견을 드리고 싶은데, 괜찮을까요?"

"고객 응대 관련해서 조언을 하고 싶은데 가능할까요?"

"출근 시간에 대해서 피드백하고 싶은데 언제쯤 시간이 좋을까요?"

둘째, 사실(Fact)에 기반한 구체적 피드백

실제로 관찰하여 보고 들었던 행동에 대해서, 구체적으로 묘사하면서 전달해야 한다. 단지 객관적 사실을 있는 그대로 전달하는 것을 의미하지 않는다. 이건 요즘 말로 '팩트 폭행'이 될 수 있다. 6하원칙에 근거하여 구체적으로 제시하면 저항하지 않는다. 이때 사실이나 숫자를 활용하여 피드백하는 것이 효과적이다.

예시)

"지난 7월 25일 제안발표에서 차별적 특징을 강조한 부분이 좋았어요!"

"이번 프로젝트 보고자료 준비 중 마감일을 지키지 못한 경우가 이번까지 3번이다."

셋째, 미래지향적인 피드백

피드백은 과거에 관찰한 행동에 대해서 전달하는 경우가 대부분이다. 특히, 교정적 피드백은 '잘못과 실수'에 대한 내용이 대부분이다. 이런 이유로, 과거 행동에 대한 평가와 시비를 다투는 경우들이 종종 있다. 오히려, 비슷한 행동을 중단하고 새로운 행동에 대한 '대안과 기대치'를 전달해야 한다. 이때도 일방적으로 '답'을 주기보다, 스스로 대안을 발굴하도록 참여를 유도하는 것이 효과적이다. 상대방의 학습과 성장을 돕는다는 의미에서 '피드포워드Feedforward'로 구분하여 부르기도 한다.

예시)

"업무 마감 시간을 단축시키려면, 무얼 할 수 있을까요?"

"주도적으로 업무를 관리해서, 지시하기 전에 미리 보고해주었으면 한다."

"스스로 판단이 어려운 상황이라면, 즉시 선배나 팀장인 저에게 상의해주기 바란다."

Recognition 방법?

칭찬과 인정 모두, 긍정적 피드백으로 이해할 수 있다. 모두 상대방의 '바람직한 행동'을 강화하고 지속하도록 '격려'하는 것에 초점을 두고 있다. 칭찬과 인정의 가장 큰 차이점은, 칭찬은 기대했던 결과가 있을 때 반대급부로 제공한다는 의미가 크다. 다시 말해, '결과 또는 목표'를 성공적으로 달성했을 때 한다. 즉, 관찰이 가능한 구성원의 '행동'에 초점을 둔다. 반면 인정은 상대방의 결과에 초점을 두지 않는다. 그 '과정'에 비중을 둔다. 인정은 눈에 보이지 않는 구성원 '존재' 자체에 초점을 두는 것이다. 정리하자면, 업무와 관련한 대화 가운데 구성원의 훌륭한 성취와 결과가 없더라도 그 과정에 충실한 노력과 시도가 있다면 아낌없이 인정하는 피드백을 제공할 수 있다. 이러한 소통 방식은 긍정적인 조직문화 형성과 구성원의 동기 유발에 매우 효과적이다.

효과적인 인정 가이드라인

· 매월 베스트 직원을 선정해서 인정하는 방법도 효과적이다. 다만, 선정 기준에 대해서는 미리 공유하는 것이 필요하다. 선정 결과를 공유할 때는 사유도 함께 공유해야 한다.

· 구성원 서로의 성공과 도움에 대해 인정하고 감사할 수 있도록, '동료 칭찬시간'을 운영한다.

· 구성원의 새로운 시도에 대한 작은 성공과 진전에 대해서도 인정한다.

· 업무 추진 과정에서 경험하고 관찰한 다양한 사례를 발굴해서 '의미를 부여'하고, 인정한다.

· 가장 중요한 것은, '자주' '진심'을 담아서 '지속적'으로 진행하는 것이 중요하다.

| 목표의 진척도 점검을 위한 Routine 미팅 방법 |

많은 사람들이 새해가 되면, 묵혀 두었던 꿈을 구체적인 목표로 반영한다. 하지만 목표만으로는 성공이 보장되지 않는다. 작심삼일이 익숙하다. 성공을 위해서는 계획대로 추진이 되는지를 관찰하고, 개입하는 '관리 활동'이 꼭 필요하다. 예를 들어 매일 아침마다 일정한 시간에 체중을 측정하거나, 혈압과 혈당을 측정한다. 이것이 '진척도 점검'이며, 목표를 현실로 만드는 핵심이다. 초기에 설정한 목표 수준을 중심으로, 현재 수준을 측정해 보고 그 차이$_{gap}$와 비교 판단 후 '어떤 조치'를 할 것인지 결정하는 일련의 행동이다.

만약 다이어트를 목표로 세운 사람이라면 체중을 측정하고 계획보다 초과한 상태라고 판단되면 어떻게 조치해야 할까? 목표에 대한 절박함이 있다면 식사량을 줄이거나, 운동량을 늘리는 활동을 선택할 것이다. 이것이 개입 활동이다. 이러한 과정을 스스로 할 수 있다면, '자기 주도 근무,

자기관리'가 탁월한 사람이 분명하다. 하지만 대부분은 '누군가의 도움'이 꼭 필요하다.

- 루틴 미팅 운영 방법
첫째, 정기적으로 운영한다.

매일, 매주, 매월 반복되는 것을 말한다. 약속한 시기에 미리 논의할 내용을 중심으로 점검하는 커뮤니케이션을 진행하는 것이다. 정기미팅은 목표의 진척도를 점검하고, 예상치 못한 이슈를 해결하기 위한 도움을 받을 수 있는 유용한 기회다. 미팅 운영 시 CFR의 기본 원칙을 적용한다.

* 일간 미팅Daily Stand Up Meeting: 매일 업무 진행 상황을 공유하고, 구성원 간의 조율을 돕기 위해 진행한다. 각 구성원은 자신의 작업 진행 상황, 난이도, 협력이 필요한 사항 등을 간단하게 공유한다. 매일 동일한 시간에, 15분 이내로 짧게 진행한다. 이를 위해, 참석자 모두 앉지 않고 서서 진행한다.

* 주간, 월간, 분기 미팅: 각 시기별로 계획과 실행의 결과를 돌아보고, 실제로 성취한 결과에 대해서 인정하고 축하하는 시간을 갖는다. 이슈 해결과 경험을 바탕으로 학습할 수 있는 시간으로 운영한다.

둘째, 구성원에게 도움이 되어야 한다.

업무 추진 결과에 대한 숙제 검사와 평가를 받는 자리가 되어서는 안 된다. 구성원이 말하고, 참석자들이 도움을 제공하는 방식이어야 한다. 미팅에 참석한 리더와 동료들은 구성원 각자의 과제 추진 과정에 대한 자원과 아이디어를 제공하는 파트너와 조력자의 역할을 할 수 있다.

셋째, 진척도를 가시적으로 하는 것이 효과적이다.

시각적으로 확인하면, 직관적이므로 빠르고 명확한 이해에 도움이 된다. 업무 진행 상황 공유를 위해 칸반보드를 사용하는 것도 좋은 방법이다.

To Do	In Progress	Done
해야 할 일	현재 작업 중인 모든 업무	완료된 일

만약 평가와 보상에 대한 공정성 또는 민감도에 대한 구성원의 요구가 높다면, 절차를 확보하고 정보를 투명하게 공개하는 효과를 기대할 수 있다. 누가 어떤 과제를 어떤 수준으로 처리했으며, 공헌도는 어떠한지를 구성원 모두가 인지하도록 돕는다.

1 on 1 방법

1 on 1은 목표 설정 단계 중 합의 과정에서 실시하고, 중간 진척도 점검 과정에서 수시로 진행한다. 그리고 과제 수행을 종료하거나 평가 결과에 대한 피드백을 전달할 때 실시한다. 주로 이슈가 있을 때만 면담을 진행해온 조직에서는 익숙하지 않을 수 있다.

- 구성원에게 가치를 전달하는 형식

2009년 구글의 산소프로젝트에서는 구성원들이 탁월한 전문성을 가진 리더보다, 1 on 1을 자주 만들어 대화하는 리더를 선호한다는 점을 발견했다. 대화를 통해서 구성원의 개인적 삶과 경력 관리에 관심을 가져주는 인간미 있는 리더를 따르고 싶어 했다. 1 on 1은 금전적 보상보다 더 큰 가치를 제공할 수 있는 형식이 분명하다.

1 on 1은 리더와 구성원이 신뢰를 형성하는 데 유용하다. 서로의 마음을 여는 과정을 통해서, 공통의 분모인 공감대를 형성하게 된다. 1 on 1의 목적은, OKR 진척도 점검과 함께 구성원의 성취와 성장을 지원하기 위한 양방향 소통 기회를 제공하는 것에 있다.

- 구성원의 심리적 안전감을 확보하라

1 on 1은 정기적으로 실시하는 것이 좋다. 리더 입장에 여유 있는 시간

에 갑자기 실시하지 말아야 한다. 구성원도 사전에 준비할 수 있도록 '예측 가능성'이 높아야 한다. 일정을 결정하는 과정에도, 몇 가지 선택 가능한 날짜를 제공해서 최종적으로는 구성원이 선택하도록 결정권을 제공해야 한다. 약속한 일정을 지키지 못할 경우, 일부 순연하더라도 반드시 실시해야 한다.

- 구성원과 라포Rapport 형성이 먼저다

1대1 대화에서 처음부터 자신의 속내를 드러내는 사람들은 거의 없다. 상대방에 대해 안전하다는 인식을 갖기 전에는 말과 행동을 조심하고 경계하기도 한다. 인간의 생존본능인 방어기제 때문이다. 방어기제defense mechanisms란 모든 생명체가 갖고 있는 생존 반응으로, 외부의 자극이 자신에게 위험이라고 인식되면, 자신을 보호하기 위해 자동적으로 반응하는 메커니즘이다. 예를 들어, 길고양이에게 먹을 것을 주더라도 경계심이 낮춰지지 않으면 심한 허기에도 불구하고 쉽게 먹지 않는 모습을 떠올려도 좋다. 고양이 입장에서 어느 정도 안전하다고 판단한 이후에, 비로소 음식을 먹기 시작한다.

상대방과의 긴장 관계를 편안하게 이완시키고, 생각과 감정을 공유할 수 있는 상황이 조성되었다면 '라포Rapport'가 형성되었다고 볼 수 있다. 라포는 프랑스어로 '다리를 놓다'라는 의미다. 심리학에서는 상대방과 어느 정도 상호 신뢰 관계가 형성되었을 때를 지칭한다. 마치 보이지 않는 무선 인터넷 중계기에 안정적으로 접속이 된 첫 번째 상태와 비슷하다. 접속된 이후에, 비로소 의도했던 문서와 사진 그리고 음악과 영상 등의 다양한 정보를 교환할 수 있다.

라포 형성을 위해 비언어적 메시지를 적절하게 활용하는 것이 효과적이다. 왜냐하면, 상대방의 감정은 시각과 청각에 영향을 받는 매우 빠른 무의식적 반응이기 때문이다. 실제 빛과 소리는 매우 빠르며, 물리학자 김상욱 교수의 표현대로 '울림과 떨림'을 통해서 전달된다. 어쩌면 라포 형성은 나와 상대방의 공명共鳴, Resonance 과정으로 볼 수 있지 않을까 싶다.

첫째, 미러링(Mirroring)

대화의 상대방이 마치 거울에 비친 자신의 모습을 보는 것처럼, 비슷한 동작이나 자세를 따라 하는 스킬이다. 과장된 연출보다는 상대가 의식하지 못하도록, 자연스럽게 따라 할 때 편안함을 느끼게 할 수 있다. 예를 들어, 상대방이 몸을 기대거나 팔짱을 낀다면 이를 동일하게 따라 하는 것이다.

둘째, 페이싱(Pacing)

상대방의 호흡에 맞추어, 말하는 속도와 크기 등을 조절하는 스킬이다. 예를 들어, 상대가 매우 급한 상태로 대화를 이어가면 그에 맞추어 빠르게 반응하는 것이다. 반대로, 매우 천천히 조심스럽게 생각을 표현한다면 나도 상대의 속도와 비슷하도록 조절하는 것이다. 이를 통해 상대방의 입장과 감정에 공감하고 있다는 메시지를 전달할 수 있다. 상대방이 보다 편안하고 자유롭게 자신의 생각을 말하도록 도울 수 있다.

셋째, 백트랙킹(Backtracking)

상대방의 이야기를 주의 깊게 경청하고 있다는 사실을 보여주는 스킬이다. 상대방이 한 말을 동일하게 반복하는 재진술Restate과 자신의 언어로 바꾸어서 말하는 환언Paraphrase하기, 그리고 핵심적인 내용을 요약Summarize하는 방법이 있다. 예를 들어, 환언은 상대방이 "서비스가 형편없었다."라고 말했을 때, "서비스가 불만족스러우셨군요."로 바꾸어 말할 수 있다. 요약은 상대방이 "첫째 매뉴얼이 부족했고, 둘째 구성원이 불친절했고, 셋째 사장님도 만날 수 없었다."라고 말했을 때, "그럼 제가 어떻게 해드리면 될까요?"로 핵심을 재조직해서 말할 수 있다.

- 구성원의 관심사에 대해서 소통하라

1 on 1 전체 시간의 75% 비중을 구성원이 말하도록 시간을 구성해야 한다.

첫째, 구성원의 개인적 관심사와 고충 사항을 확인한다.

개인적인 최근 근황부터 직장생활에 불편사항이 있는지 등을 문의한다. 리더와의 정기적인 대화 시간에 빠짐없이 물어봐 준다는 점을 인식하게 되면, 공식적인 채널이 고충을 처리하거나 기대치를 전달할 수 있는 창구로 기능하게 된다.

둘째, 구성원의 경력 개발과 진행 과정에 대해서 점검한다.

이 과정에서 구성원의 계획이 구체적인 실천으로 이어지도록 지원한다. 대부분 스스로 계획을 수립하고 시작은 하지만, 지속하지 못하는 경우가 많다. 누군가 꾸준하게 모니터링과 점검에 대한 질문만 도와줘도 성공 확률이 매우 높아진다. PT트레이너나 코치의 도움을 받는 것도 이런 이유로 볼 수 있다.

셋째, 목표와 추진 과제에 대한 진척도를 점검한다.

잘되고 있는 것과 어려운 부분이 무엇인지를 이야기 나누게 된다. 구성원 입장에서는 '열심히 노력한 과정'을 자랑하거나 알려주는 공식적인 기회가 되기도 한다. 도움이 필요하다면, 우선순위의 조정 또는 추가적인 자원 할당 등의 의사결정을 통해 도움을 제공할 수 있다.

넷째, 구성원에게 솔직한 피드백을 제공한다.

마지막으로 리더 입장에서 구성원의 과업 추진 상황과 행동에 대한 피드백을 제공하기 위해 시간을 사용한다. 피드백에는 칭찬과 인정 메시지만이 아니라, 행동 변화에 대한 기대치 전달도 포함된다.

1 on 1 면담 과정이 처음에는 낯설고 어색해서, 부담스러운 시간으로 인식되기도 한다. 왜냐하면, 과거 질책 사안이 있을 때 예외적으로 실시했기 때문이다. 단둘이 대화하는 시간은 사뭇 진지해지기 때문이기도 하다. 하지만 꾸준히 지속하면서 자연스러운 형식인 루틴으로 자리 잡게 되면 구성원은 미리 준비할 수 있고 부담감도 덜 느끼게 된다. 리더도 철저하게 구성원을 위한 시간 할애, 지원이라는 인식으로 실천해야 한다.

7장

참여와 실행력을
높이기 위한
라운드 테이블
(Round Table)
만드는 방법

우리의 일터문화는 수평사회로의 전환에 맞추어, 구성원 모두의 다양한 의견을 존중하고 포용하기 위해 노력하고 있다. 사회적 기대와 책무 때문이 아니라 구성원이 지닌 창의성과 실행력이 더욱 중요해졌기 때문이다. 젊은 구성원의 경우도, 주어진 기준과 결정을 묵묵히 따르는 것을 좋아하지 않는다. 당당하게 자신의 목소리를 내고 싶어 한다. 자신과 관련이 깊은 주제에 대해서는 참여하기를 기대한다.

이러한 니즈를 구체적인 문화로 담아내는 형식이 '회의 문화'다. 라운드테이블Round Table(원탁)은 원형의 테이블을 지칭하지만, 다양한 사람들이 정해진 주제에 대해서 수평적으로 토론하는 방식을 의미한다. 토의에 참여하는 사람들 모두가 동등한 발언 권리를 가진다는 의미를 상징한다.

가장 수평적인 사회의 모습이었던 고대 그리스의 직접민주주의를 떠올려봐도 좋다. 그들은 도시 중앙에 위치한 광장 '아고라Agora'에 모여서, 사회적으로 민감한 의사결정 사항에 대해 격렬한 토론을 벌였다. 이를 지켜본 시민들은 공감되는 방향에 대해 직접 투표로 의사를 표시했다. 의사결정 결과에 따라 모든 시민들이 새로운 부담을 질 수 있기 때문에 신중하게 투표권을 행사했다.

1 왜 참여적 의사결정이
필요한가?

참여적 의사결정이란?

조직의 의사결정 과정에 구성원들이 다양한 방식으로 참여해 결정하는 것을 의미한다. 리더의 권위에 의한 단독 의사결정과 구분되는 개념이다.

브룸과 이튼Vroom & Yetton은 구성원의 참여 수준에 따라 5가지로 분류하였다. 리더의 결정 과정에 구성원이 단순한 정보를 제공하는 경우, 구성원의 주관적인 의견을 청취하는 것, 그리고 집단 전체가 함께 논의하는 과정을 통해 공동 의사결정을 하는 수준으로 제시했다.

의사결정 유형	세부 내용
집단적 (Group) 의사결정 (공동 결정)	• 구성원 전체가 모여, 정보를 공유하고 의견을 교환하는 과정을 통해 공동으로 의사결정 한다. *"이번 지방 출장 건은 여러분들끼리 상의해서 결정해주세요. 저는 여기서 정하면, 무조건 승인하겠습니다."*
자문적 (Consultative) 의사결정 (의견 교환)	• 구성원 전체가 모여 의견을 교환하는 논의는 진행하되, 리더가 결정한다. *"모두 모였지요? 이번에 긴급 지방 출장 건이 생겼습니다. 누가 가면 좋을지 의견을 듣고 싶습니다. 힘든 출장이니, 솔직한 의견 이야기해주세요."*
	• 구성원과 개별적으로 의견을 교환하는 논의는 진행하되, 리더가 결정한다. *"김 선임님, 이번에 긴급 출장 건이 생겼는데 의견을 듣고 싶어서 보자고 했습니다. 김 선임은 누가 다녀오는 것이 좋다고 생각하나요? 어떻게 하면 좋을까요?"*
권위적 (Autocratic) 의사결정 (단독)	• 구성원에게 개별적으로 정보를 물어보고, 리더가 결정한다. *"김 선임님, 지난번 지방 출장 누가 다녀왔지요?"* *"박 책임이 다녀왔습니다."* *"이 선임님, 이번에 출장 좀 다녀오세요."*
	• 주요 결정을 리더가 하고 구성원은 지시에 따라 업무를 처리한다. *"이번 출장은 김 선임이 다녀오세요. 거래처 각 담당자들을 직접 방문하시고, 애로사항은 녹취하고 요약한 보고서를 다음 주 월요일 주간 회의 때까지 보고해주세요."*

참여적 의사결정의 기대 효과

의사결정이란 목표달성을 위해 합리적 대안을 선택하고 실행하는 과정이다. 다시 말해, 문제해결과 의사결정은 동일한 개념으로 볼 수 있다. 일반적으로 의사결정을 문제해결을 위한 해결방안 선택 단계로 제한하는 경우도 있다. 하지만 실행을 통한 목표달성이 궁극적 목적이라는 점에 주목해야 한다. 그러므로 실행의 주체인 구성원의 능동적 참여 기회는 실행력과 목표달성 가능성을 높이는 데 크게 기여한다. 적어도 다음의 3가지 상황을 고려해 볼 때, 참여적 의사결정 방법은 효과적인 전략으로 활용할 수 있다.

첫째, 팀의 정체성과 방향성에 공감하고 몰입할 수 있다.

서로 공유하는 것이 적은 다양한 구성원들이 팀을 이루게 된다. 협업과 시너지를 위해서는 구성원 모두가 팀이 추구하는 가치와 목표 그리고 전략에 대한 공감대를 형성해야 한다. 2016년 갤럽의 연구결과에 따르면, 일터에서 회사와 상사가 자신에게 무엇을 기대하는지 모른다고 답한 사람이 50%에 달했다. 생각보다 훨씬 많은 사람들이 오랜 관성에 따라 일터를 오가는 것으로 나타났다. 연구결과 구성원이 자신의 일에 몰입하기 위해서는, 자신의 직무가 조직의 미션이나 목표와 일치하거나 깊은 관련이 있다는 사실을 명확히 알아야 한다. 팀의 전략과 목표를 구성원의 참여를 통해서 만들게 될 때, 오너십과 주도성도 높아진다. 이 과정에서 전체의 관점을 이해할 수 있고, 동료와의 상호 의존적인 관계라는 사실도 느낄 수 있게 된다.

둘째, 문제해결 과정에 집단지성을 발휘할 수 있다.

과거의 경험과 매뉴얼로 해결하기 어려운 복잡하고 예외적인 문제가 꾸준히 증가하고 있다. 기억력에 의존해서는 해결이 어렵다. 새로운 관점의 창의적 접근이 필요하다. 유능하다고 해도 리더 개인의 힘으로 대응이 어려운 경우가 많다. 여러 분야의 이슈들이 엉켜 있기 때문에 공동으로 대응할 필요가 있다. 구성원의 지혜를 모아 함께 대응해야 하는 상황이다.

근본 원인을 파악하거나 해결안을 선택하는 의사결정 과정에서, '상반된 증거'를 많이 찾을수록 더 양질의 의사결정을 내린다는 조사결과가 있다. 모두가 동일한 사고를 하는 '집단사고Group Thinking'는 속도는 빠르지만 다른 의견을 허용하지 않는다는 점에서 경계해야 한다. 서로 다른 관점에서 제시하는 의견을 충분히 듣고, 이를 해결하거나 만족시킬 수 있는 더 나은 방향을 탐색하도록 돕는다.

셋째, 이해 충돌과 갈등 상황의 공정한 합의를 이끌 수 있다.

리더가 결정해야 하는 의사결정 사안 중 '업무 배분과 평가'에 대한 사항은 늘 고민스럽다. 팀원 중 누군가에게 부담스러운 목표를 부여해야 하는데, 원하는 사람을 찾기 어렵다. 이미 다들 바쁜 상황에서 갑자기 발생하는 중요한 일을 어떻게 부여할지 난처할 때가 있다. 누군가 팀을 위해 추가적인 노력과 헌신이 필요하기 때문이다. 평가할 때도 그렇다. 상대 배분율을 맞추어 평가하려면, 누군가에게 낮은 등급을 부여해야 한다. 자기 몫을 충실히 했음에도 불구하고, 회사의 기준을 따라야 하기 때문이다.

누군가에게 이익이 되면, 누군가는 반드시 손해를 봐야 하는 '제로섬 게임'과 같은 상황을 마주하게 된다. 이때, 가장 현명한 방식은 구성원 다수가 참여한 가운데 공동 의사결정 방식을 통해서 결정하는 것이다. 물론, 최종 결정을 다수결에 회부하자는 의미는 아니다. 공정한 의사결정이 되도록, 절차를 투명하게 공개하고 참여할 기회를 제공하자는 의도이다. 완벽하고 객관적인 결정은 어렵지만, 절차적 측면의 공정성은 충분히 확보할 수 있다. 이를 통해 구성원들의 수용도를 높일 수 있다.

참여적 의사결정의 제약점과 극복 방법

첫째, 조직의 중요 의사결정을 참여적 방식으로 진행하게 되는 경우, 의사결정 시간이 너무 오래 걸린다는 단점이 있다. 의사결정의 골든타임을 놓칠 수도 있다. 이를 극복하기 위해서는, 참여적 의사결정이 꼭 필요한 사항에만 적용해야 한다. 진행 방식도 제한된 시간 내, 의미 있는 결론을 도출할 수 있도록 운영해야 한다.

둘째, 의사결정에 참여하는 구성원들은 자신의 입장과 의견을 충분히 개진했기 때문에, 받아들여질 것이라는 기대치가 높아진다. 기대치가 높아진다는 것은, 의사결정 결과에 불만족할 가능성도 증가한다는 점을 의미한다. 따라서 협의와 합의를 명확하게 구분 지을 필요가 있다. 합의는 리더와 구성원이 동의하는 절차가 필수다. 하지만 협의는 최종 의사결정은 리더의 권위에 의해 달라질 수 있다는 점을 분명히 해야 한다.

셋째, 구성원 입장에서 유효한 정보와 경험이 부족하거나 민감한 이해관계로 얽혀 있는 경우, 바람직하지 않은 대안을 선택할 가능성도 높아진다. 이를 위해 의사결정 사안에 대한 면밀한 검토가 필요하다. 리더의 단독 의사결정으로 진행하는 것이 바람직하다.

2

참여적 의사결정은 어떻게 설계할까?

| 참여적 의사결정을 위해 리더가 제공해야 하는 3가지 |

첫째, 리더는 유효한 정보에 대해서 충실하게 설명해 주어야 한다.

공통의 이해 수준을 높여야 충실한 논의가 진행될 수 있다. 참석자 모두가 데이터와 경험에 근거한 판단을 하도록 도와야 한다. '정보'가 부족한 경우, 소수 오피니언 리더들의 입장에 쉽게 동조할 수 있다. 예를 들어, 논의 주제와 관련한 목표와 방향, 제한점과 영향 요인 등에 대한 자료를 제공하거나 설명해주어야 한다. 이를 통해 각자 사안을 인식하고 판단할 수 있다.

둘째, 양방향 소통의 기회를 제공해 주어야 한다.

회의 참가자들이 각자의 의견을 자유롭게 개진할 수 있도록 기회가 주어져야 한다. 자신의 입장과 생각을 편안하게 공유할 기회를 가진 사람들은 '의사결정 결과'에 대한 수용도가 높다. 이럴 때 '실행률'도 높다는 연구 결과를 쉽게 찾을 수 있다. 소수가 발언을 독점하지 않도록 개입해야 한다. 그리고 침묵하는 참가자가 없도록 '모두가 발언의 책무를 나누어 진다.'는 그라운드룰을 미리 만드는 것도 좋다. 무엇보다 대립된 의견은 환영하지만, 상대방 의견을 존중하는 태도를 유지하도록 이끌어야 한다. 갈등으로 번지는 경우, 소모적인 감정싸움을 넘어서기 어렵다.

셋째, 공동 의사결정에 참여할 기회를 제공해 주어야 한다.

공동 의사결정은 완벽한 합의와 다수결 방식만을 의미하지 않는다. 예를 들어, 정부조직은 정책 결정 시 시민의 참여를 유도하기 위해 다양한 방법을 병행한다. 시민들을 대상으로 설문 조사와 토론회, 인터뷰 등을 실시해 의견을 수렴하고 반영한다. 리더는 의사결정 사안에 따라 합의와 협의, 다수결 과정에 참여할 기회를 허용할 수 있다. 만약 구성원의 반대나 의견 대립이 심하거나 충분한 정보나 이해가 부족하다면, 공동 의사결정 방식은 적합하지 않다.

미션 미팅, 워크숍을 활용하라

참여적 의사결정을 효과적으로 운영하기 위해서는, 미션 미팅으로 진행해야 한다. 짧은 시간 정보 공유 수준으로는 어렵기 때문에, 충분한 시간과 공간을 확보하는 것이 바람직하다.

루틴 미팅 (Routine Meeting)	• 정기 회의로, 매일/매주/매월 실시한다. • 일상적인 업무를 조율하고 협조하기 위해 운영한다. • 과제 추진 진행 상황과 일정 조율 등 주요 정보를 공유하는 방식으로 1시간 이내로 상대적으로 짧게 진행한다.
미션 미팅 (Mission Meeting)	• 중요한 목표달성을 위해 비정기적으로 개최한다. • 전략 목표를 수립하거나, 복잡한 이슈 해결을 위한 논의를 진행한다. • 논의 주제와 관련된 중요 이해관계자들이 참석해서 토의하기 때문에 상대적으로 긴 시간이 필요하다.

구체적인 장면을 떠올려 본다면, '워크숍'이다. 현업에서 '워크숍과 팀 빌딩'을 혼용하여 이해하는 경우들이 적지 않다. 왜냐하면, 워크숍 행사 중에 팀 빌딩을 목적으로 다양한 활동이 진행되는 사례가 많았기 때문이다. 이런 형태가 보다 익숙해지면서, 순수한 팀 빌딩 목적의 활동을 '워크숍'으로 부르는 경우들이 늘었다. 사전에 철저한 준비와 충실한 참여를 통해 반드시 결과물을 도출해야 한다는 점에서 명확하게 구분해서 사용해야 한다.

〈워크숍이 필요한 상황〉
· 팀의 미션과 비전 수립

- 팀의 전략 실행을 위한 목표 설정과 추진 계획 수립
- 일하는 방식에 대한 프로세스 정립
- 과제의 추진 경과 공유 및 이슈 해결 도출
- 변화 아젠다 발굴
- 위기 및 문제해결을 위한 대안 도출
- 팀 학습 및 성장 지원
- 팀 빌딩

성공적 워크숍 운영을 위한 체크포인트

모호한 계획은 확실한 실패 계획이 된다. 모든 계획을 충실히 하기 위해서는 Why, What, How 3가지 질문에 대한 답변을 구체화해야 한다. 워크숍은 교육과정처럼 면밀히 계획할 필요는 없지만, 즉흥적으로 토론할 만큼 개방적이거나 자유로운 것도 아니다. 참석자들이 건설적이고 긍정적인 방식으로 참여할 수 있도록 적합한 환경, 분위기, 기회를 만들어 주어야 한다.

- WHY: 워크숍의 실시 배경
- WHAT: 워크숍에서 도출해야 목표 산출물 정의
- HOW: 산출물 도출을 위해 어떤 과정을 거쳐야 하는지 프로그램 구

성, 시간과 인원 규모, 장소 등을 고려한 세부 진행 계획

성공적 워크숍 운영을 위해 준비부터, 운영과 종료 후까지 주요 점검 사항을 확인해 보기 바란다.

- 준비 단계의 점검 사항

첫째, 워크숍의 명확한 목적과 이해를 돕기 위한 자료를 미리 제공해야 한다. 이를 통해서, 워크숍 시간을 보다 효율적으로 활용할 수 있다. 이때, 미리 생각을 정리하거나 공유할 자료를 준비하도록 '공통 양식'을 '작성 예시'와 함께 전달하는 것이 효과적이다. 참석자 모두 충실히 준비해서 참여하는 것이 자연스러운 문화로 정착되도록 유도해야 한다.

둘째, 참석자는 논의 주제를 고려해서 경험과 전문성 측면에서 충분히 기여할 수 있어야 한다. 학습의 목적이라면 나쁘지 않지만, 참석하면 도움이 될 것이라는 막연한 관점은 지양해야 한다. 가능하다면 승인자, 합의자, 협의자, 실행자 등 중요 이해관계자가 모두 참여하는 것이 좋다.

셋째, 시간과 예산이 허락된다면, 외부 장소에서 진행하는 것이 효과적이다. 인원수보다 조금 넓은 공간에서, 원탁 형태로 배치할 수 있도록 레이아웃을 조정하면 좋다.

- 운영 중 점검 사항

첫째, 오프닝과 클로징을 명확히 할 때 그 의미와 효과를 높일 수 있다. 오프닝 메시지에는 실시 배경과 기대를 전달한다. 클로징에는 결정사항과 향후 후속 조치에 대한 약속과 당부를 전달한다.

둘째, 딱딱한 논의 주제로 바로 들어가기보다, 참가자의 마음을 열고 공감대를 형성하는 시간을 갖는 것이 효과적이다. 심리적으로 편안한 라포가 형성되어야 비로소 이성적 몰입을 기대할 수 있다. 간단한 게임이나 자기소개 등의 아이스브레이킹도 좋다.

셋째, 주제는 '간단한 이슈'에서 '복잡한 이슈'로 순서를 배정한다. 같은 맥락으로 모두 '공유하고 있는 것'에서 '모르는 것'으로 배정한다.

넷째, 참석자들의 심리적 변화를 예상하여, 휴식시간을 적절히 반영해야 한다. 이때 자주 쉬는 것보다 20분 정도로 배정하여 충분하게 쉬는 것이 효과적일 수 있다. 그 과정에서 서로 소통하고, 비공식적 의견을 들을 수 있다.

- 종료 후 점검 사항

첫째, 워크숍에서 결정한 사항이 무엇인지 공유한다. 무엇을, 누가, 언제까지 실행할지에 대한 사항이 명확하게 반영되어야 한다.

둘째, 워크숍 성공 여부에 대한 간단한 설문을 실시해도 좋다. 예를 들어, 기대했던 결과물을 도출했는지 또는 워크숍 운영방식에 만족했는지 등을 질문할 수 있다.

셋째, 워크숍에서 사용했던 자료와 산출물을 정리하고, 후속 작업이 필요한 사항에 대해서는 참석자 모두에게 메일로 공유한다.

이상에서 소개한 체크포인트는, 기존 방식의 효과성을 보다 높이기 위한 제언이다. 혹여 완벽한 수준과 형식을 갖추어야 한다는 부담 때문에 워크숍을 미루지 않기 바란다. 보다 간소한 형식으로도 얼마든지 잘할 수 있다. 부족한 형식이라도 자주 하는 것이 훨씬 더 중요하다.

3

참여를 촉진하는
퍼실리테이션 방법은
무엇인가?

구성원들이 침묵하는 이유

리더는 나름 귀한 시간을 할애하여 미션 회의를 마련했지만, 대부분 침묵으로 썰렁한 분위기가 지속되어 고민이라고 말한다. 하지만, 구성원들은 가만히 있으면 중간은 간다는 생각이 지배적이다. 경험상 최상의 전략으로 판단되었기 때문이다. 왜냐하면 현재의 개선 포인트를 이야기하는 것이 자칫 '불만을 토로하는 것'으로 오해될 수 있다는 생각 때문이다. 기존에 해당 업무를 담당했던 선후배 동료들이 자리에 함께있다면, 의견을 말하기가 더욱 부담스럽다.

더러는 참신한 아이디어를 제시했지만, 제안자에게 고스란히 실행의 책임을 지우는 분위기 때문에 고생했던 경험이 있었다. 발언에 대한 책임이 무거워서, 섣불리 의견을 말하기 어렵다. 게다가 리더가 함께하는 경우, 발언에 대해서 평가받는 느낌이 침묵하게 만든다. 가끔은 어렵게 의견을 말했지만, "이미 알고 있다." 또는 "과거에 다 해 봤지만 실패했다." 등의 핀잔과 함께 부정적 피드백이 대다수였기 때문이다. 요약하자면, 심리적으로 불안하기 때문이다. 이런 이유로 자신의 훌륭한 아이디어와 경험을 밖으로 드러내지 않는 것이다.

퍼실리테이터의 역할과 스킬

퍼실리테이션이란 '집단지성이 필요한 워크숍을 중립적으로 이끌어, 의도하는 결과를 도출하는 과정'으로 볼 수 있다. 퍼실리테이터는 제한된 시간 내에 의도했던 결과를 이끌어내야 한다. 참가자의 몰입과 참여를 촉진하기 위한 핵심 스킬은 다음과 같다.

첫째, 워크숍의 목표달성을 이끄는 진행자 역할을 수행한다. 워크숍의 목표와 기대 산출물 도출을 위해 집중을 유도한다. 약속한 시간 안에 '결과'를 도출해야 하기 때문에, 효율적인 시간과 주제 관리가 중요하다. 논의 과정에 대한 내용을 '정리하고 요약'하는 스킬이 필요하다. 또한 워크숍 진행에 방해되는 행동을 주의 깊게 관찰하고, 적시에 개입하는 스킬이 필요하다.

둘째, 의사소통을 촉진하는 역할을 수행한다. 심리적 안전감을 조성하고 편안하게 의견을 제시할 수 있도록 경청하는 스킬이 필요하다. 모든 의견이 무시되지 않고, 중요하게 존중 받고 있다는 사실을 보여주어야 한다. 무엇보다 참석자들의 창의적 아이디어를 끌어내도록 효과적인 질문을 개발하고 사용하는 스킬이 필요하다.

셋째, 조정자 역할을 수행한다. 참석자들 사이의 대립과 갈등을 감지하고 원만하게 조정하는 역할을 수행한다. 다양한 관점을 반영한 다른 의견은 지지하지만, 상대를 평가하거나 비난하는 것을 자제해야 한다.

리더가 직접 퍼실리테이터 역할을 수행할 때 주의할 사항이 하나 있다. 리더의 '중립성 유지'이다. 수평적 양방향 소통을 지향하지만, 상대적으로 리더의 영향력이 클 수 있다. 따라서 평가 또는 판단을 표현해서는 안 된다. 무심코 반응하는 비언어적인 표현과 자세에 주의해야 한다. 프로세스에 관심을 두고, 내용은 구성원이 결정하도록 해야 한다.

심리적 안전감을 높이는 방법

첫째, 회의 그라운드룰에서 '의견 제안자'와 '실행 담당자'는 다를 수 있음을 미리 명확히 하는 것이다. "가장 좋은 방안을 발굴하고, 최적의 실행이 가능한 사람이 담당한다."와 같은 약속을 해도 좋다. 이때 중요한 것은 '약속한 원칙'이 훼손되지 않도록 '반드시 준수'해야 하고, 이를 확인해 주어야 한다. 꾸준히 반복되어야 자연스러운 '회의 문화'가 될 수 있다.

둘째, 악마의 옹호자 Devil's Advocate **방식을 도입하는 것이다.** 회의에 참석한 사람들 중 '반대편에 서서 검증 요청이나 반론 제기'를 담당하는 역할을 부여한다. 참석자들이 그 역할을 부담스러워한다면, 중요한 의사결정 상황에서 외부인을 초청해서 악마의 옹호자 역할을 요청하는 것도 대안이 될 수 있다. 인텔의 CEO 앤디 그로브는 실제로 그 역할을 외부인에게 맡겼고, 회의의 질적 수준을 매우 높였다. 모호한 주제에 대한 학습과 더 나은 대안을 선택하기 위해서는, '양 끝단의 주장'을 모두 들어보는 것이 종합적으로 도움이 된다. 각 주장의 근거를 살펴보면, 실체적 진실에 대한 이해도가 높아진다. 변증법적 접근이 바로 이런 방식이다.

셋째, 의견을 제시할 때 '잠재적 위험 또는 단점'을 포함하도록 하는 것이다. 이는 충분히 생각하고, 예상되는 반대의견에 대한 반박까지 미리 고려하도록 한 것이다. 세계 최고의 애니메이션 영화제작 업체인 픽사

Pixar에서는 '좋은 점 다섯 가지와 문제점 다섯 가지'를 의무적으로 이야기하는 회의문화가 있다. 그들의 다양한 작품의 품질이 높은 이유를 잘 설명한다.

넷째, 구성원들이 충분히 성숙 또는 신뢰하지 못하는 단계라면 '익명성'을 보장하는 도구를 활용할 수 있다. 예를 들어, 포스트잇을 활용하거나 모바일을 활용한 익명채팅방 등을 고려해 볼 수 있다. 이때 의견을 정리하는 과정을 투명하게 공유함으로써, 철저하게 익명 처리하고 있다는 점을 보여주어야 한다. 그래야 안전하다고 느낄 수 있다.

참여를 촉진하는 방법

모든 의견이 무시되지 않고, 중요하게 존중받고 있다는 사실을 보여주어야 한다. 소수가 발언 기회를 독점하거나 침묵으로 일관하는 경우에 개입해야 한다. 퍼실리테이터는 무엇보다 다양한 아이디어를 발산할 수 있도록 이끌어야 한다.

• 브레인스토밍(Brainstorming)
브레인스토밍은 창의적 발상 기법인데, 4가지를 준수해야 한다. 첫째, 비판 금지이다. 분위기가 위축되지 않도록, 현실 가능성 등에 의한 판단을 유보하라는 의미이다. 둘째, 자유분방이다. 비현실적이거나 터무니없는 것이라도 일단 입 밖으로 꺼내라는 점을 강조한다. 셋째, 질보다 양을 추구한다. 위대한 발상보다, 작고 사소한 여러 개의 아이디어가 더 중요함을 강조한다. 넷째, 아이디어 조합과 개선을 위해 다른 사람 의견 활용을 환영한다.

• 리버스 브레인스토밍(Reverse Brainstorming)

리버스 브레인스토밍은 문제를 만들거나 역으로 해결책을 찾는 방식으로 진행한다. 예를 들어, "어떻게 하면 이 문제를 더 악화시킬 수 있을까?"와 같이 정반대의 문제로 정의한 후 아이디어를 발굴한다. 악화 원인을 최대한 많이 발굴하고, 이를 해결하기 위한 아이디어를 다시 만든다. "어떻게 하면 이 부정적인 결과를 예방하거나 개선할 수 있을까?" 해결을 위한 긍정적인 아이디어들을 조합하고 개선해서 최종 아이디어를 도출한다.

• 브레인라이팅(Brain writing)

브레인스토밍의 단점을 극복하기 위한 대안으로, 말 대신 종이에 글로 기록하여 진행한다. 참가자가 많거나, 내성적인 성향의 사람이라도 아이디어에 대한 평가 부담 없이 참여할 수 있다. 이때 포스트잇과 네임펜이 필요하다. 상황에 따라서, 의견과 해결안 등에 대해 색을 달리 적용할 수 있다. 참석자들이 모두 비슷한 생각을 하더라도 아이디어를 생각할 수 있도록 적당한 침묵의 시간을 할애하여 각자 생각하도록 유도해야 한다.

• 아이디어 촉진과 품질 향상을 위한 질문하기

많은 참여와 아이디어 양을 높이기 위해서, 질문을 활용하여 자극할 수 있다.

- 혹시 더 고려할 부분은 없을까요? 혹시 누락된 요소는 없나요?
- 유사한 방법이나, 대체 가능한 대안은 없을까요?
- 사실인가요? 구체적인 사례나 근거는 무엇입니까?
- 사용자 입장에서도 동의할까요?

• Yes, And 활용하기

누군가의 생각에 대해 부족한 부분을 지적하거나 부정적 부분을 강조하기 위해 '맞아, 그런데Yes, But'라는 표현을 하는 경우가 있다. 토론 중 반박할 때 효과적으로 활용하는 화법이다. 하지만 발산적 사고를 촉진하는 데 있어서는 분명 장애 요인이 된다. 상대방의 생각에 덧붙여 더 나은 생각을 만들도록 '맞아, 그리고'라는 방식으로 첨언하거나 추가적인 아이디어를 보태는 것이 효과적이다. 상대방의 의견을 존중하고 인정하는 태도를 왜곡 없이 전달할 수 있다.

명확성을 높이는 방법

대화 과정에서 말하는 사람의 '명확한 의도'를 이해하기 어려운 경우, 듣는 사람은 자신에게 '익숙하거나 유리한 방향'으로 해석할 가능성이 높다. 토론 과정에서는 상대방의 입장이 명확하지 않을 경우, '~~일 것이다.'라는 가정을 쉽게 한다. 그리고 이를 바탕으로 한 걸음 더 나아가 판단하는 '그러므로 ~~해야 한다.'는 추론이 이루어질 가능성이 높다. 다시 말해, '본래 의도'와 전혀 다른 '해석'을 할 가능성이 높다. 이처럼 의견을 교환하는 과정에서 '가정과 추론'의 모습이 관찰된다면, 퍼실리테이터는 참석자들에게 명확성을 높여 주기 위해 토론 도중에 개입해야 한다.

가정하고 있는 사항을 검증하기 위해 개입	참석자	• 성수기가 끝나면, 기존의 최소 인원으로 업무를 처리해야 한다는 부담감이 크다.
	퍼실리테이터	• 차장님! 방금 말씀하신 것은 '성수기가 지나면 알바생을 모두 해고할 것'이라고 가정하신 것 아닌가요?
	참석자	• 예 그렇습니다!
	퍼실리테이터	• 그렇게 생각하신 이유를 구체적으로 설명해주시겠습니까?

토론 과정에서 사용하는 용어도, 추상적 개념의 경우 서로 다른 해석을 할 가능성이 있다. 중요한 부분에 대해서는 모두가 동일하게 이해하도록 개입한다.

용어, 개념을 명확히 하기 위해 개입	참석자	• 지금이라도 사업을 철수하는 것이 맞다고 생각한다.
	퍼실리테이터	• 잠시만요, 책임님! 방금 전 '사업 철수'라고 말씀하셨는데 맞지요?
	참석자	• 예 그렇습니다!
	퍼실리테이터	• 저희 입장에서는 '사업 철수'가 아니라, '사업 추진 계획 중단'으로 이해되는데요. 맞습니까?

이 과정에서 주의해야 하는 부분은, '상대방이 잘못했다'는 인상을 주지 않는 것이다. 퍼실리테이터는 상대방이 구체적으로 '언급'했던 '말과 행동'을 구체적으로 '반복 또는 묘사'하는 것이 좋다. 이처럼 리더는 부드러운 개입을 통해 가설과 추론을 검증하여 명확성을 높여야 한다.

| 아이디어를 통합하고, 의사결정 하는 방법 |

다양한 아이디어 발굴을 통해서 '양量, Quantity'을 확보했다면, '질質, Quality'을 높이기 위해 선택하는 과정이 필요하다. 먼저 유사한 항목으로 그룹핑하는 작업을 먼저 진행한다. 완전히 일치하지 않는 경우라면, 이를 종합해서 설명할 수 있는 상위개념 또는 대표 아이디어로 통합하여 작성할 수 있다.

예를 들어, '우리 회사의 회의문화 개선'과 관련해 작성한 내용들 중에 '사전 예고 없는 회의 소집'과 '목적 없는 회의' 등은 '준비 없는 회의'로 통합할 수 있다. 이렇게 압축된 아이디어 중에서 선정하려면 준거Criteria가 필요하다. 첫째는, 효과성이다. 논의 아젠다를 해결에 구체적으로 도움이 되는지를 판단한다. 둘째는, 효율성이다. 실행에 필요한 노력 대비 효과가 높아야 한다. 셋째는, 적용 가능성이다. 실제 적용하는 단계에서 어렵지 않아야 지속적으로 활용될 수 있다. 이외에도 고려해야 하는 기준이 있다면 대체하거나 추가해도 좋다.

각 아이디어에 대해서, 준거별로 충족 수준을 1~5점 척도로 평가한 후, 이를 합산해서 순위를 매길 수 있다. 이게 바로 '준거평정'법이다.

아이디어	효과성 Purpose	효율성 Profit	적용 가능성 Process	합계	순위
A	5	4	2	11	
B	4	3	5	12	2
C	3	3	3	9	
D	4	5	4	13	1

준거평정법을 통해서 압축한 아이디어에 대해서 계량화된 숫자로 의사결정을 할 수도 있지만, 이를 토대로 최종 후보 2개에 대해서 논의를 통해 결정하는 것이 좋다.

만약 최종 선정의 준거를 2개로 결정한다면 '2×2 매트릭스'로 진행해도 좋다. x축과 y축에 의사결정의 준거를 반영하고, 그 수준을 판단하여 맵

평한다. 직관적으로 확인이 쉽기 때문에 여러 사람들이 효율적으로 진행하는 데 유용하다.

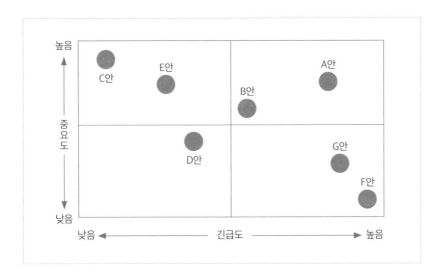

참가자들의 다양한 의견을 동등하게 존중하기 위해 다수결 방식으로 결정할 수 있다. 손을 들어 표시하거나, 스티커를 붙이는 방식 등을 활용할 수 있다. 빠르고 쉽게 활용할 수 있지만, 민감한 주제라면 익명성을 담보할 수 있는 방법을 선택해야 한다.

• **Disagree and Commit**

최근 아마존의 일하는 방법으로 널리 알려진 'Disagree and Commit'은 원래 인텔의 CEO였던 앤디 그로브가 고안한 원칙이다. 여기에는 2가지의 목표가 있다.

첫째, 팀의 중요한 의사결정 상황이라면 팀원들이 '다른 반대의견'을 제시하도록 격려하는 것이다. 왜냐하면, 서로 대립되는 의견과 반대되는 증거를 많이 확보할수록 좋은 의사결정을 할 수 있기 때문이다. 다양한 관점으로 바라볼 때, 의사결정 아젠다를 보다 정확하게 파악할 수 있다. 이를 위해서는 치열한 자유토론이 필요하다.

둘째, 최종 의사결정 이후에는 팀원 모두가 단합하여 실행에 집중하도록 이끄는 것이다. 왜냐하면, 토론 과정에서 대립된 의견을 교환과 격렬한 논쟁 끝에 최종 의사결정에 합의하더라도, 감정적 측면에서는 자유롭기 때문이다. 회의를 마치고 또는 다른 부서 사람들과의 대화 속에서 은연중에 본인은 반대했기 때문에 책임이 없다고 말하는 경우가 있어서는 안 된다. 혹여 자신의 의견이 채택되지 않았더라도, '우리의 결정'으로 수용하는 태도가 필요하다.

이것을 자연스러운 문화로 만들 필요가 있다. 자신의 의견은 명확하게 전달하되, 결정된 사항에 대해서는 존중하고 적극 지원한다는 내용을 워크숍 그라운드룰로 반영해도 좋다.

수평적인 조직문화를 만들기 위해서는, 팀의 의사소통과 의사결정 과정에 구성원이 자유롭게 의견을 제시할 수 있는 안전한 기회가 확보되어야 한다. 토론 과정에 참여한 모든 사람들에게 동등한 발언권이 주어져야 한다. 리더와 구성원의 양방향 소통이 활성화될 때 집단지성을 통한 문제

해결을 기대할 수 있다. 또한 복잡한 이해 충돌 상황에서 갈등을 극복하고 서로 만족할 수 있는 합의를 효과적으로 이끌 수 있다. 이를 구현하도록 돕는 형식이 워크숍이다. 팀의 상황에 맞추어 참여적 의사결정이 꼭 필요한 상황이라면, 워크숍 계획을 꼼꼼히 수립하고 부드러운 개입의 퍼실리테이션 스킬을 통해 바라는 결과를 도출할 수 있다.

8장

경험과 성찰 (Reflective Learning)을 통해 구성원과 조직의 성장을 돕는 방법

취업준비생들의 직장 선택은 조직문화와 관련이 깊다. 2022년 잡플래닛이 취준생을 대상으로 조사한 결과를 살펴보면, '연봉이 최고 수준은 아니더라도 일정 수준 이상이라면 워라밸과 조직문화 등 다른 조건을 고려하여 선택하겠다.'는 의견이 88.65%로 가장 높게 나타났다. 연봉이 높다면 좋겠지만, 승진과 이직 가능성 등 자신의 경력 성장 가능성이 더 중요하다고 생각하는 사람들이 많았다. 2023년 7월 잡코리아 조사 결과 직장인 68.3%가 하반기 이직을 준비 중이라고 답하기도 했다. 이직을 준비하는 직장인들의 상당수가 동일 직무와 동종업계를 희망했다. 이직을 고려하는 주된 이유로 '보다 높은 연봉(49.9%)'과 '성장과 커리어 관리(21.5%)'를 위해서라고 답변했다.

경제적 보상은 예외 없이 만족을 주지만, 불안이 일상인 젊은 세대는 장기적 관점에서 보다 확실한 보상을 줄 수 있는 '매력적인 커리어'에 대한 관심도 놓치지 않는다. 많은 기업들의 직원 몰입도 조사를 실시해보면, '학습과 성장'에 대한 만족도가 가장 낮게 나타났다. 실제 구성원의 경력 성장을 위해 많은 예산과 프로그램을 운영하는 조직에서도 결과는 비슷하다. 이는 경력 성장에 대한 기대치가 너무 높기 때문에 만족도가 상대적으로 낮게 나타난 것으로 이해해야 한다.

경력 성장에 대한 관심은 심리적 불안을 극복하기 위한 전략으로 이해해야 한다. 그래서 궁극적으로는 노동시장에서 자신의 고용 가능성을 높이기 위해 도움이 되는지 관심이 높다. 현재의 조직에 계속 남아 있을 경우, 유능한 인재로 인정받기를 기대한다. 향후 이직하게 되는 경우, 보다 매력적인 일터로 옮길 수 있기를 바라기 때문이다.

학습과 성장을 적극적으로 지원하는 조직문화는, 훌륭한 인재를 유인하고 몰입하도록 이끄는 차별적 특징이 분명하다. 이번 장에서는 구성원과 팀의 성장을 촉진하는 문화를 만드는 방법에 대해 살펴보겠다.

1 학습은 무엇이고, 왜 중요한가?

학습과 지식의 개념

학습이란 새로운 지식을 습득하고 활용하는 과정을 설명하는 개념이다. 관찰학습, 모방학습, 협동학습, 체험학습, 경험학습, 성찰학습 등 다양한 수식이 붙어 그 개념을 세분화하고 있지만 모두 '지식을 얻는 과정'을 말한다.

그럼, 지식이란 무엇일까? '어떤 대상에 대한 명확한 인식이나 이해'로서, 세상을 이해하고 해석하며, 문제해결과 의사결정을 내릴 수 있는 근거가 된다. 지식은 명확한 근거에 의해 검증된 것이어야 한다.

분류 방식	지식 분류	정의	사례
학습 방법	인지적 지식	• 정신적, 지적 과정이 필요한 영역의 지식	• 사실, 개념, 원리
	심동적 지식	• 신체적 운동이 필요한 지식	• 운전 방법, 스포츠
	정의적 지식	• 태도나 관점의 변화와 관련된 지식	• 철학, 가치, 신념
형태	명시적 지식 (형식지)	• 언어(말, 글), 코드 형태로 표현된 지식 • 타인에게 공유될 수 있는 지식	• 실적보고서, 매뉴얼
	암묵적 지식 (암묵지)	• 언어로 표현하기 어려운 지식 • 타인에게 공유하기 어려운 지식	• 술 빚기, 피아노 조율, • 비즈니스 감각

블룸Bloom은 지식을 학습 방법에 따라, 인지적 지식/ 심동적 지식/ 정의적 지식으로 분류한다. 인지적 측면의 지식은 머리로 기억할 수 있는 사실과 개념, 원리를 말한다. 심동적 지식은 절차적 지식으로 볼 수 있으며, 실제 구현이 가능한 스킬이다. 예를 들어, 수영과 골프 그리고 운전지식이 이에 해당한다. 정의적 측면의 지식은 '관점과 태도'를 말한다.

학습이 되었다는 의미는 어떻게 이해해야 할까? 단지 '머릿속으로 이해했다'의 수준으로 인정하는 관점도 있고, 구체적으로 '행동이 변화했다'의 수준에 도달해야 한다고 생각하는 관점이 있다. 일터에서 실제 수행Performance을 중시하는 관점에서는, 이해하는 것을 넘어 적용하고 '행동의 변화까지 도달'하는 수준으로 봐야 한다.

블룸은 인지적 영역의 지식에 대한 목표 수준을 위계적으로 제시하였는데, 가장 낮은 수준이 기억력이었다. 실제 교육현장에서 측정과 평가가 쉽기 때문에, 이 수준에 머무는 경우가 많았다. 학창시절 성적이 좋았던 사람들은 빠짐없이 '기억력'이 좋았다. 하지만 일터와 현실에서는 그것으로 부족하다. 자격증과 학위보다, 현장에서 다양한 이슈를 처리하는 '적용력'이 더 중요하다. 가장 높은 수준은 한 번도 경험해 보지 못한 문제를 해결하거나, 새로운 아이디어를 만들어 내는 '창조력'이다. 최근 변화환경에 더욱 주목받고 있다.

<블룸의 인지적 영역의 목표 수준, Bloom's Revised Taxonomy>

성공적인 개인과 조직은 학습 민첩성이 높다

학습 민첩성Learning Agility이란, 처음 마주하는 새로운 상황에서 경험을 통해 배우고 그렇게 배운 것을 성과 창출에 적용하려는 의지와 능력을 의미한다. 높은 성과를 달성한 리더들의 공통적 특성으로, 그들은 다음과 같은 행동 특징을 보인다.

· 끊임없이 새로운 것에 도전한다.
· 직접적인 피드백을 구한다.
· 처음 경험하는 상황에서도 비판적으로 사고한다.
· 다양한 사람들과 잘 어울리며 일한다.
· 변화하는 상황에서도 자신의 임무를 성공적으로 수행한다.

드므즈De Meuse 등의 연구에 따르면, 성공적인 리더는 지능이 뛰어났기 때문이 아니라, 빠르고 효과적으로 학습하는 능력이 뛰어났기 때문이라고 강조했다. 경험으로부터 학습하는 능력은, 성공하는 리더와 그렇지 못한 리더를 구분 짓는 매우 중요한 차이점이라는 인식이 더욱 확산되었다. 그는 실패한 리더들도 과거에 많은 성공 경험과 다양한 직무 경험을 갖고 있음에도 불구하고, 자신의 직무와 경험으로부터 의미 있는 학습을 하지 못했기 때문에 실패한다고 지적했다.

학습 민첩성은 어떻게 높일 수 있을까? 첫째, 지적 호기심을 강화해야 한다. 기존의 업무 방식으로도 가능하지만, 좀 더 나은 방법이 없는지 스스로에게 물어보거나, 새로운 방법을 탐색하는 것을 즐겨야 한다. 둘째, 성찰 단계를 필수로 실행한다. 배운 것, 경험한 것, 실행한 것을 되짚어보고 복기하는 과정을 반드시 거쳐야 한다. 이는 개인과 팀, 조직 차원에서 모두 필요하다.

2 경험에서 지식을 습득하는 학습 방법은 무엇인가?

일터 학습의 비중 70:20:10

1996년 글로벌 컨설팅 기업인 맥킨지McKinsey & Company의 연구팀은 조직개발과 인재관리에 대한 연구를 통해, '일터 학습 70-20-10'을 도출했다. 대부분의 사람들은 70%는 일터 경험에서 학습하고, 20%는 사회적 상호작용에서 학습하며, 나머지 10%는 형식을 갖춘 교육과정에서 학습한다는 것이다. 결국, 90% 정도가 일터에서 직접 과업을 수행하면서 '경험'을 통해서 '시행착오'의 과정으로 배우게 된다.

누구의 도움 없이 스스로 문제를 해결해 가는 과정도 효과적인 학습 방법이지만, 너무 오랜 시간과 리스크를 동반할 수 있다. 신입사원들이 선

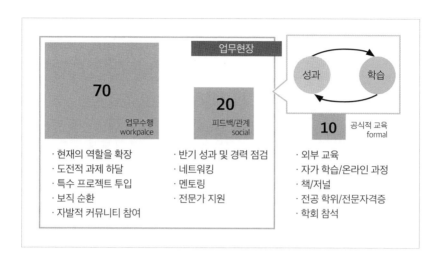

배들에게 가장 하고 싶은 말이 "선배님, 다시 한번 설명해 주실 수 있으세요?"이다.

이런 관점에서 더욱 주목해야 하는 부분이 사회적 상호작용이다. 리더나 동료와의 협업 과정에서 회의와 보고, 대화 등을 통한 상호작용이다. 이런 가운데 일어나는 공식적 또는 비공식적 멘토링과 코칭의 영역이다.

경험학습 원리

성인은 살아온 시간만큼 다양하고 많은 경험을 가지고 있다. 물론, 모든 경험을 기억하지는 않는다. 한편 망각이 없었다면 아픈 기억 때문에 힘들어했을지도 모른다. 주로 언젠가 다시 경험할 가능성이 높으며, 이를 성공적으로 해결하는 데 도움이 되는 것을 기억한다.

이런 날것의 데이터로 볼 수 있는 경험들을 유용한 정보와 지식으로 만드는 과정이 경험학습이다. 그 기술은 누구나 어렵지 않게 배울 수 있다. '구체적 경험'을 돌아보고 의미를 부여하는 성찰의 과정이 핵심이다. 이를 구체적으로 제시한 것이 콜브Kolb의 경험학습 모델이다. 콜브는 일상의 경험을 훌륭한 지식으로 만드는 과정을 4단계로 제시했다.

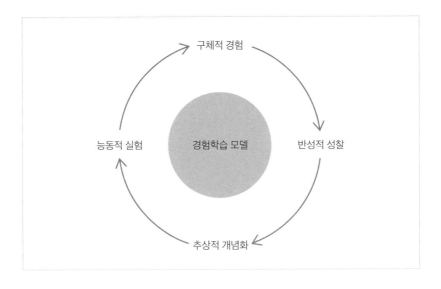

• **1단계: 구체적 경험**(Concrete Experience)

일상의 다양한 경험을 의미한다. 주로 낯설고 어려운 문제를 접할 때,

훌륭한 지식을 얻을 수 있는 기회로 볼 수 있다. 언제, 어디서, 무엇을, 왜, 어떻게, 그 결과는 무엇인지에 대한 상황을 충분히 떠올릴 수 있다면 훌륭한 원석을 잘 채취한 셈이다. 중요한 경험이라 판단되면, 기억보다는 꼼꼼히 기록하는 것을 추천한다. 더러는 고전과 사회적 이슈 등 타인의 경험을 빌려오는 것도 가능하다. 인간의 탁월함은 '관찰학습'과 '모방학습'을 통해 타인의 것도 자신의 경험처럼 활용할 수 있다는 점이다.

• 2단계: 반성적 성찰(Reflective Observation)

구체적 경험에 대해, 당시의 모습들을 거울에 비추어 보듯 돌아보는 사고의 과정이다. 마치 3인칭 전지적 관찰자의 시점에서 당시 상황을 새롭게 해석하는 단계이다. 만약 동일한 일을 다시 하게 된다면, 무엇을 개선하거나 지속해야 할지 스스로 질문한다. 당시의 시간적 흐름과 사건의 변화 과정에 어떤 변수가 중요했는지를 도출해 볼 수 있다. 또는 추가적으로 어떤 도움이나 개입이 필요했는지에 대해서도 생각해 볼 수 있다. 당시 상대방 입장에서 어떤 감정과 기대가 있었는지도 생각해 볼 수 있다. 이처럼 새로운 관점에서 다양한 질문을 던져 보는 것도 좋다. 이미 지난 경험이지만, 이를 잘게 나누는 '미분' 과정을 통해 새롭게 조합하는 '통합과 적분'을 해 볼 수 있다. 하나의 구체적 경험에서 다양한 교훈을 추출할 수 있다.

• 3단계: 추상적 개념화(Abstract Conceptualizing)

훌륭한 성찰 과정에서 추출한 '의미'를 토대로 나름의 '지식'을 정립하는 과정이다. 과거의 경험과 똑같은 상황이 재현될 가능성은 생각보다 적겠지만, 그 원리를 중심으로 접근해 보면 매우 폭넓게 적용할 수 있다. 앞선 경험은 매우 구체적 상황이었지만, 이 중 핵심적인 내용을 압축하고 추출하면 '추상적 개념'으로 활용 가치를 높일 수 있다. 덕분에 비슷하거나 유사한 상황에 폭넓게 적용 가능한 나름의 '원리와 원칙'에 대한 나만의 문장을 가설적으로 만들 수 있게 된다.

예를 들어, 프로젝트 실패 경험에서 승인자와 실행자 사이의 초기 목표 인식이 달랐다는 점이 실패 원인임을 알게 되었다. 이를 추상적으로 개념화한다면, '대부분의 프로젝트 성공을 위해서는 초기 단계에 이해관계자와 함께 끝 그림을 공유하기 위해 노력해야 한다.'는 것을 향후 프로젝트 추진 원칙으로 정립하게 되는 것이다.

• 4단계: 능동적 실험(Active Experimentation)

성찰 활동을 통해서 정립한 추상적 개념은 '검증의 단계'가 필요하다. 마치 연구 가설을 실제 적용하는 단계를 통해서, 논리적 모순이 없음을 입증하는 것과 비슷하다. 비슷하거나 유사한 상황에 새롭게 적용해보는 것이다. 이후에 동일한 '성찰' 단계를 통해 미세한 수정 보완을 하게 되면, 추상적 개념의 완성도와 정교함이 높아진다. 조금씩 새로운 상황에 적응하는 '실험과 새로운 시도'를 통해서, 그 방법과 원리를 최적화하게 된다. 마치 '시행착오'의 과정으로 정교화되는 '지식'을 얻는 모습과 동일하다.

성찰을 촉진하는 리더의 질문 4가지

공부를 잘하는 학생과 못하는 학생의 가장 큰 차이가 무엇일까? 대부분은 같은 실수의 반복에 달려 있다. 공부를 못하는 학생들은 수업과 연습 문제 풀이, 그리고 시험에서 똑같은 문제를 다시 틀리는 경우가 많다. 공부를 잘하는 학생들은 자기만의 방식으로 두꺼운 과목을 간략하게 단권화하고, 오답 노트도 작성하여 실수를 반복하지 않는다. 누구나 실수는 하기 마련이다. 다만 차이는, 같은 실수를 반복하지 않는 것이다. 이것이 성찰이다.

성찰과 유사한 것이 바둑의 복기復棋다. 알파고에게 1승을 얻어낸 이세돌 기사는 경기 후 심도 있는 복기를 하는 것으로 유명하다. 일반적으로 바둑에서는 경기 후 복기 과정에서 승자가 패자에게 한 수 가르쳐주곤 한다. 실제 게임에서 두었던 것과 같이 하나하나 다시 돌아보는 것이 복기이다. 이때 패자는 승자에게 "그 상황에서 왜 그런 결정을 하셨나요?", "어떻게 해야 두 수 앞서 판세를 예측할 수 있을까요?" 등의 질문을 하여 새로운 것을 되새기며 동일한 실수를 반복하지 않을 것을 다짐하게 된다. 실패는 했지만, 성장의 소중한 기회로 만든 셈이다.

이와 비슷한 성찰을 외국의 사례에서도 찾아볼 수 있다. 미국 육군사관학교인 웨스트 포인트의 오랜 전통 중 하나가 After Action Review이다. 흔히 AAR이라고 부른다. 최소 2명 이상이 훈련을 하면, 반드시 마무리 단계에서 훈련을 다시 돌아보는 시간을 갖는 것이 자연스러운 문화다. 다음에 동일한 상황이나, 유사한 상황을 마주하게 될 때 어떻게 하는 것이 더 좋은 결과를 만들어 낼 수 있을지 함께 대화한다. 이를 효과적으로 돕기 위한 4가지 질문이 있다.

첫째, 우리가 기대했던 목표는 무엇이었나?

과제 수행의 최초 목적이나, 세부 달성 목표를 다시 확인한다. 팀원 모두가 명확하게 인지했는지도 확인한다.

예) "이번 프로젝트의 예산과 품질 목표는 무엇이었나요?"

둘째, 실제로 나타난 결과는 무엇인가?

발생한 결과를 확인하거나 측정해본다. 당초 기대했던 것과 일치되는지, 아니면 높거나 낮은 결과인지를 공유한다. 객관적 데이터 중심으로 공유해야, 상호 비난이나 질책의 분위기를 예방할 수 있다.

예) "오늘 기준으로 현황은 어떤가요? 목표 대비 달성률은 얼마인가요?"

셋째, 이런 결과를 만든 원인은 무엇인가?

예상과 다른 결과가 나타났을 경우, 그 차이를 만들어낸 원인에 대해서 확인한다. 실패나 부정적 결과였다면, 이를 개선하기 위한 원인 분석 활동이다. 가장 근본적인 원인Root Cause를 파악해야 한다. 긍정적 결과였다면, 향후에도 재현 가능하도록 만들기 위한 과정이다. 이런 과정을 거치지 않는다면, 다음에도 '우연'을 기대하는 수밖에 없다.

예) "이런 결과가 나타난 원인에는 무엇이 있나요? 근본 원인은 무엇인가요?"

넷째, 향후 무엇을 하겠는가?

경험을 통해서 새롭게 느끼고, 생각하고, 실천할 것을 확인한다. 향후 수정하고 보완하기 위해서 해야 할 조치가 무엇인지를 명확하게 결정한다. 우수 사례라면, 확대 적용하기 위해서 무엇을 해야 할지도 결정한다. 팀의 주요 프로세스에 반영하거나, OJT 등의 학습 과정에 적용할 수 있다.

예) "향후 동일한 실수가 반복되지 않도록, 유사한 프로세스에 반영될 수 있도록 다음 주까지 초안을 만들어 주세요. 우수 사례를 다른 프로젝트에도 확대해서 적용하도록, 양식을 만들어 보고해주세요"

3   학습과 성장을 촉진하는 방법은 무엇인가?

액션러닝 방식을 응용하라

일을 통한 학습과 성장을 일상에서 구현하는 방법이 액션러닝Action Learning이다. 액션러닝은 영국의 레반스Reg Revans에 의해 시작되었다. 1940년대 광부들이 업무현장의 문제해결과 생산성 향상을 위해, 외부 전문가의 도움이 아니라 스스로 논의를 통해 해결방안을 찾아갔던 과정에서 정립하게 되었다. 당시 이 활동을 통해 생산성을 30%나 향상할 수 있었다.

이후 마쿼트Marquardt 교수는 소규모 집단이 조직의 실질적 문제해결 과정에서, 성과도 얻고 학습도 할 수 있는 효과적인 방법 발전시켰다. 그는 문제해결 과정을 돌아보는 미팅에서 진행하는 '질문과 성찰'이 학습을 촉진하는 핵심이라고 보았다. 마쿼트 교수는 레반스의 액션러닝 초기 모형을 더욱 발전시켜, 다음과 같은 공식을 제시했다.

> L=P*Q*R*I
> 학습(Learning)은 구조화된 지식(Programmed Knowledge)에 대한 질문(Questioning과 성찰(Reflection) 그리고 실행(Implementation)을 통해 일어난다.

이는 국내 기업에서도 다수 도입하였고, 주로 조직의 핵심 인재를 대상으로 운영해왔다. 학습자들은 서로 다른 관점을 가진 사람들로 팀을 구성해서, 실제의 문제해결 프로젝트를 수행한다. 액션러닝은 기존의 인지역량 중심 학습방법과 달리, 비인지 역량 개발에도 효과적이었다.

액션러닝 방식으로 과제를 해결하고 싶다면, 다음의 특징을 참고하기 바란다.

- **주제 선정:** 실제 업무에 해당하는 과제를 학습 주제로 선정한다. 조직 차원의 성장과 발전에 기여할 수 있는 전략과 관련된 주제, 또는 여러 부서가 복잡하게 연결된 문제 중에 선정해도 좋다. 기존의 방식과 표준으로는 해결이 어려워 미뤄두었던 문제도 좋다.

- **학습팀 구성:** 해당 학습 주제에 관심이 있는 사람들로 구성해야 한다. 학습 성과는 동기가 결정한다. 전공과 직무 분야, 전문성의 차이가 있

는 사람들로 구성한다. 최대 6명이 넘지 않도록 한다. 그보다 인원이 많을 경우, 소통의 효과성이 낮고 참여가 어렵다.

- **추진 활동**: 문제해결 프로젝트 과정의 특징에 맞추어 단계적으로 진행한다. 먼저 명확하게 문제를 인식하고 목표를 설정한다. 이때, 충분한 자료조사와 인터뷰 등의 활동을 진행한다. 목표에 대한 승인이 이어진 후, 근본 원인을 파악하는 단계를 진행한다. 다양한 원인 중 핵심이 되는 근본 원인을 확정하였다면, 이를 해결하기 위한 대안 수립 단계를 진행한다. 논의를 통해 결정된 대안에 대해서, 일단 실제 검증을 위한 파일럿을 실행한다. 이를 바탕으로, 구체적인 결과에 대한 성과를 분석하여 최종 액션러닝 결과물을 보고한다.

- **성찰 미팅 운영**: 팀 프로젝트 방식으로 실제 과제를 수행하기 때문에, 학습 팀원 각자는 자신에게 할당된 임무를 충실히 실행해야 한다. 그리고 약속된 성찰 미팅에 참석해서 자신의 추진 결과와 그 과정에서 학습한 내용을 공유한다. 미팅에서는 긍정적 산출물에 대한 감사와 인정뿐 아니라, 어려움을 겪고 있는 사안에 대해서 함께 문제해결 솔루션을 탐색한다. 다양한 관점의 자유로운 교환이 가능한 토의를 이끌어 내는 것이 중요하다. 미팅을 마무리할 때는, '새롭게 알게 된 사실과 느낌, 적용할 점'에 대해서 소감을 공유한다.

완벽한 액션러닝의 형식을 충족하는 데 고민할 필요는 없다. 성찰 미팅과 리더의 성찰을 촉진하는 질문만큼은 반드시 실천해야 한다. 형식을 간소화하고 유연하게 변용한다면, 일상의 과제 수행 경험을 '학습' 장면으로 전환할 수 있다. 미팅과 1 on 1 시간을 활용하면 된다.

정기 미팅 시 과제의 진척도를 감독하는 '숙제 검사' 시간에서 '이슈 해결과 학습기회'로 전환할 수 있다. 팀원 일부의 경험이지만, 모두에게 공유하게 되면 '경험의 암묵지'를 '팀의 형식지'로 자산화할 수 있다.

과제 추진 중 중요한 모듈이나 단계가 종료될 때 리뷰 미팅을 정례화하는 것도 방법이다. 예를 들면, 게이트 리뷰Gate Review 미팅 또는 랩업Wrap-up 미팅과 레슨 런Lesson Learned 미팅을 정례화할 수 있다. 이때 효율적 운영을 위해 리더는 적합한 퍼실리테이션 스킬을 발휘할 수 있어야 한다.

| 체계적인 성장을 지원하는 방법 |

- 성과 관리 면담 중 CDP와 IDP 점검

매년 성과 목표 설정 과정에서 역량 개발에 대한 목표를 명확하게 수립하도록 논의한다. 지난해 평가를 통해, 보완이 필요한 부분과 새로운 목표 수행에 필요한 지식/스킬/태도 등에 대한 역량 개발 목표를 명확히 수립한다.

이때, '좋은 의도'를 일방적으로 전달하지 않도록 주의해야 한다. 일부 현업에서 '성장에 관심이 없는 무기력한 팀원' 때문에 고민하는 리더들도 종종 있다. 모든 구성원이 자신의 경력 성장에 관심이 높은 것은 아니다. '현재를 유지'하려는 경향성이 높은 팀원들도 있다. 이럴 경우 '숙제가 한 가지 더 느는 것'으로 부담을 갖게 된다.

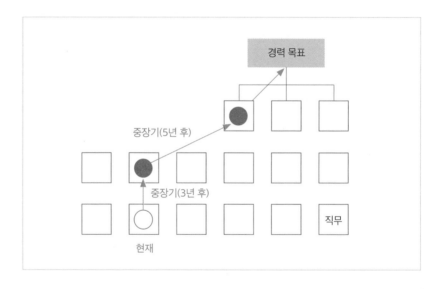

1 on 1 미팅을 통해 성장 니즈에 대한 공감대 형성을 확인하고 진행하는 것이 필요하다. 이때 장기적 관점의 경력 성장 목표인 CDPCareer Development Plan를 먼저 확인하고, 그 과정상 올해는 어떤 부분에 초점을 둘지 IDPIndividual Development Plan를 수립한다. 이때 주의할 부분은 다음과 같다.

· 역량 개발 활동의 주체는 팀원이며, 리더는 조력자다.

· 교육 참가는 역량 개발의 일부이지 전부는 아니다.

· 교육 목표를 반영할 때, '수료'에서 '결과물 공유, 현업 적용'까지 수준을 높여야 한다.

· 필요한 직무 경험, 코칭과 멘토링의 기회를 반영한다.

· 성과 관리 미팅 시 진척 상황을 리뷰하고, 도움이 필요한 부분을 지원한다.

- 팀 OJT On the Job Training 프로그램 활성화

신규 입사자 또는 직무 이동 팀원이 있는 경우, 새로운 팀과 직무에 빠르게 조직하도록 돕는 프로그램을 구체적으로 제공할 수 있다. 낯선 사람들과 익숙하지 않은 일에 적응하기 위해서는 적지 않은 시간이 필요하다. 이 과정을 온보딩On-Boarding이라고 부른다. 마치 비행기가 안전하게 착륙하는 과정과 비슷하다.

구성원 입장에서는 이때가 가장 스트레스는 높지만, 학습에 대한 동기는 높은 시기이다. 인시아드INSEAD 연구에 따르면, 아무리 빨라도 3개월 정도가 걸리며 보통 6개월 정도의 정착 기간이 필요했다. 이때 효과적으로 도울 수 있어야 한다.

팀 OJT 과정은 사전에 구체적으로 계획되어야 효과적이다. 1일 차와 1

주 차, 1개월 차에 대한 굵직한 단계적 목표와 활동을 정립해야 한다.

구분	1개월					2개월				3개월			
주요활동	1주	2주	3주	4주	5주	6주	7주	8주	9주	10주	11주	12주	13주
오리엔테이션 (팀 현황, 그라운드룰 등)	■	■											
사업장 소개(Office Tour)	■												
팀원/협업 담당자 1 on 1 미팅 (담당 업무 소개, 상호이해)	■	■	■	■	■								
직무소개/목표설정	■				■								
멘토링 진행	■	■	■	■	■	■	■	■	■	■	■	■	■
월간 면담	■				■				■				■
팀 미팅/워크숍	■										■		

팀 OJT 계획 수립 시 반드시 체크해야 할 사항을 소개하자면 다음과 같다.

· 최소 1개월에서 3개월의 계획이 필요하다.

· 1일 차 같은 공간을 사용하는 동료들에게도 소개Office Tour하는 시간을 반영한다.

· 주요 이해관계자와 구성원 상호 업무를 소개하는 1 on 1 미팅을 주선한다.

· OJT 기간 동안 멘토링을 병행한다.

· 신입사원의 경우, 멘토는 업무를 지도하는 선배가 아닌 다른 팀원으로 배정한다. 왜냐하면, 지도 선배의 경우 종종 엄격한 부분이 필요하기 때문에 정서적 케어를 병행하기 어렵다.

· 팀 전체 워크숍에서 공식적으로 소개할 수 있는 시간을 마련한다.
· OJT 실시 일정과 품질에 대한 책임은 리더가 담당하며, 주 1회 이상 1
  on 1을 실시한다.

- 핵심 포지션 후계인력 육성Succession Planning

조직은 탁월한 개인에 지나치게 의존하기보다, 체계적 시스템에 의해 작동되어야 한다. 팀원 중 누군가의 휴가 또는 개인적 사유로 인한 공백이 발생하더라도, 중단 없이 업무를 유지할 수 있어야 한다. 이를 위해서는 상호의존적 측면에서 보완Backup이 가능해야 한다.

이보다 더 중요한 것은 리더와 핵심 포지션에 대한 후계인력의 확보이다. GE의 경우, 리더의 체계적 확보와 육성으로 유명하다. 80년대 초반 경영의 아이콘이었던 잭 웰치 회장의 후계자로 몇몇 후보를 선정하고, 오랜 시간 현장에서 학습하고 검증하는 시간을 부여했다. 결국, 제프리 이멜트가 잭 웰치를 잇는 회장이 되었다. 1994년 23명의 후보를 선정하고 4년 후인 1998년 3명으로 압축한 후 2001년 9월에 최종 임명했다. 최소 6년 이상이 걸린 셈이다. 이후 제프리 이멜트도 16년간 CEO 역할을 수행하며, 후임자를 선정하기 위한 과정에 6년의 시간을 할애했다. 이처럼 모든 사업부의 매니저와 리더급 포지션에 대해서는 2~3명의 후계자를 미리 선정하고, 육성하도록 의무화했다. 이때 성장 가능성과 성과 수준뿐 아니라, 조직문화의 적합도라는 측면을 매우 중요한 기준으로 평가한다. 이것이 체계적 인재육성을 위한 GE의 문화다.

리더 입장에서 매년 성과 평가를 진행할 때, 각 포지션에서 1차와 2차 후보들을 미리 선정할 수 있다. 조직의 규모가 크다면, 향후 맡게 될 직무에 대한 사전 경험을 IDP에 반영하여 성장 동기를 유발할 수 있다. 핵심 포지션의 전문가로 성장하기 위해서는, 해당 분야에 대한 일상적 운영을 넘어 문제를 해결하고 인접 분야에 대한 관계도 명확하게 이해하는 수준이 되어야 한다.

핵심 포지션 현재 근무자	현재 승계 가능 팀원	1-2년 내 승계 가능 팀원	2년 후, 승계 가능 직원
인사기획 김○○	-···· -····	-···· -····	-···· -····
교육기획 이○○	-···· -····	-···· -····	-···· -····

이를 위해 필요한 직무 경험, 스킬, 지식, 태도 등의 필요사항을 미리 정의하는 작업이 선행되어야 한다. 팀 내부의 직무기술서가 있다면 이를 활용하면 된다. 이를 바탕으로 현재 수준의 차이(Gap)를 분석하고, 역량 개발 우선순위를 선정하고 실행한다.

직무기술서
(Job Description)

부문명 (Entity)	인사부문	부서명 (Department)	인사기획팀
직무명 (Job Title)	L&D Specialist	직무등급 (Grade)	G2
상위직무 (Reporting to)	HR Planning & L&D Leader	작성일 (Update Date)	20**-09-30

직무정의(Purpose of Job)

회사의 비전달성과 전략실행에 필요한 조직과 개인의 역량을 개발하기 위한 프로그램을 개발하고 실행한다.
인사 전략실행에 부합하는 L&D 실행전략을 수립하고 실행한다.

핵심업무(Key Accountabilities)	업무비중(%)	업무주기
교육계획 수립 및 전사 조정	10%	매월
전사 교육예산 및 외부교육참가 관리	15%	매월
교육프로그램 기획, 컨텐츠 개발, 운영 (직무공통, 리더십 분야)	25%	상시
전사 교육시스템(LMS) 운영	15%	상시
사내강사 역량개발 지원	15%	상시
교육관련 SOP(Standard Of Procedures) 작성 및 최적화	20%	상시

필요역량 (Competency)

회사공통역량

정직, 성실, 고객지향, 성과지향, 변화추구

직무공통역량	직무전문역량
원칙준수, 의사소통, 문제해결, 조직가치 수용, 설득력, 업무혁신	기획력, 이해관계자 관리, 인사/노무 관련 법 지식, 인사관리 전문지식, 조직문화 이해, 정보수집 및 분석, 예산 관리, 퍼실리테이션 스킬, 콘텐츠 개발, 유연성

자격 및 경험요건(Qualifications/Experience Required) :

학력사항		경력사항
학력수준	학사	사내 교육 프로그램 설계, 컨텐츠 개발 경험 강의 및 퍼실리테이션 경험 데이터 관리 및 분석 경험 (통계 선호)
선호전공	전공 무관 (경영학, 심리학, 교육학 선호)	

외국어능력(Required Language)

외국어 종류	회화	독해	작문
영어	중급	중급	중급

<후계인력 육성 계획>

직무경험 확대	필요 직무경험	학습방법 (직무전환, 업무조정, 프로젝트 등)		완료 일자
	프로젝트 리딩	A프로젝트 PM 역할 부여		9/30

지식 향상	필요 지식	보유 수준 (부족/보통/충족)	학습방법	완료 일자
	## 법규, 인허가 관리 기준	보통	온라인 과정 학습, ## 인허가 관리 매뉴얼 작성	11/30

스킬 향상	필요 지식	보유 수준 (부족/보통/충족)	학습방법	완료 일자
	협상, 조정 스킬	부족	신규제안 기술협상 담당 지정, 팀장 정기 코칭/피드백	10/30

태도 향상	필요 태도	보유 수준 (부족/보통/충족)	학습방법	완료 일자
	오너십, 적극성	부족	A 업무관련 개선 Agenda 발굴, 적용, 개선완료 팀 프로젝트 관리 담당 역할 부여(PMO)	12/30

조직 학습을 위한 학습 조직 활성화

모든 일터의 직무를 수행하는 사람들은 '지식근로자'이다. 단순하고 반복적인 일을 하는 육체노동자도 예외 없다. 어떻게 하면 보다 효율적이면서 효과적으로 과업을 수행할지 고민해야 한다. 이런 고민의 결과는 지식근로자보다, 육체노동자에게 즉각적인 성과로 나타나기도 한다.

개인적 수준의 역량과 노하우에 머물러서는 안 된다. 함께 일하는 조직 전체에 공유될 때, 구체적인 자산이 될 수 있다. 성공뿐만 아니라 실패의 경험도 마찬가지이다. 그래야 개인도 학습하고 조직도 학습할 수 있다.

앞서 살펴본 바와 같이, '조직이 학습'한다는 의미는 외부의 변화환경에 빠르게 적응하고 성공적으로 변화한다는 의미이다. 조직 차원의 '학습 민첩성'을 실현하는 모습으로 볼 수 있다.

조직 학습 (Organizational Learning)	• 개인인 차원을 넘어, 조직 수준에서 학습(인식과 행동의 변화)이 일어나는 현상을 의미한다. • 조직이 환경 변화에 적응하기 위해, 새로운 지식/신념/가치/능력을 습득하고 조직행동을 변화시키는 것이다. • KMS(Knowledge Management System): 조직 내부의 지식공유시스템. 조직 내에서 생성되는 지식을 수집하고, 저장하고, 공유하는 온라인 공간을 의미한다. 이를 통해 개인의 경험을 조직 자산으로 만들고 협업을 촉진할 수 있다.
학습 조직 (Learning Organization)	• '학습하는 조직'으로 학습을 위해 만들어진 조직(모임)을 의미한다. • CoP(Communities of Practice): 실제 업무와 관련하여, 공통의 관심사를 기반으로 상호 학습을 통해 성장하고 문제해결을 추구한다. • 학습동아리, 실행(실천)공동체, ## 연구회 등으로 부른다.

조직이 효과적으로 학습하기 위해서, 조직 내부에 '학습하는 조직'을 장려해야 한다. 예를 들어, 학습동아리를 조직하거나 세미나를 브라운백 Brown Bag(점심시간 샌드위치를 먹으며 가볍게 토의하는 방식) 형태로 운영할 수도 있다. 중요한 것은 끊임없이 성장하기 위한 활동을 추진한다는 메시지다.

- 새로운 시도, 실수를 허용하기

학습 조직을 통해 새롭게 학습한 결과를 바탕으로, 실제 직무에 적용할 기회를 허용해야 한다. 예를 들어, 기존에 익숙했던 방식에서 새로운 기술과 시스템을 적용해 볼 수 있다.

교육 부서의 경우, 매년 조금씩 의도적으로 개선하도록 목표에 반영하는 경우도 있다. 전년 대비 10% 수준을 반드시 개선하는 것이 목표 설정의 가이드였는데, 교육과정의 구성과 운영방식 그리고 환경, 콘텐츠 등 각 단계를 고려해 볼 때 '새로운 시도와 변화'를 적용할 수 있는 기회는 생각보다 많았다.

이를 실현하기 위해, 구성원은 시도하고 리더는 허용하며 책임을 대신 진다. 적절한 위험을 감수하는 과정 없이는, 누구도 새로운 시도를 하지 못한다. 실수를 허용하고, 그 경험을 성찰해서 더 나은 기회를 만든다면 주저할 이유는 없다.

- 최신 동향과 정보, 업무 추진 사례 공유 활성화

경쟁사와 고객, 최신 기술에 대한 정보를 수집했을 때 팀원 모두에게 공유하는 것이 자연스러운 습관이 되어야 한다. 협업 도구를 활용하거나, 공유 폴더를 활용해도 좋다.

업무 추진 과정에서 경험한 성공과 실패 속에서, 공유할 필요가 있는 정보와 지식을 꾸준히 발굴한다. 특히 동일한 방식의 접근이 반복적으로 일어날 가능성이 높은 경우, 예방과 확산을 위해 꼭 필요하다. 소위 '수평 전개, Mass화'가 필요하다. 구성원 개인의 '주관적 경험'에 그칠 수 있는 것을 팀 전체로 확산하기 위한 절차이다. 다시 말해, '암묵지'를 '형식지'로 만들어 '조직 자산'으로 만드는 과정으로 볼 수 있다. 이를 통해 효과적인 사례를 학습하고, 바람직한 성과와 일 처리 방식에 대한 학습과 전파를 기대할 수 있다.

이를 효과적으로 운영하기 위해서는, 공유 형식을 최대한 간소화해야 한다. 예를 들어 1페이지 또는 원본데이터Raw Data를 기반으로 구두로 설명하는 방식을 채택할 수 있다.

- 세미나Seminar 운영 방법

일반적으로 '세미나' 용어가 익숙하지 않기 때문에, 소수의 전문가와 의사들의 전유물로 오해하는 경우들이 있다. 세미나는 작은 그룹이나 팀이 모여 주제나 주제 영역에 대해 자세히 논의하고 공부하는 형태의 학습 방법이다. 주로 특정 주제에 대해 깊이 있는 지식을 습득하고, 다양한 관점을 공유하기 위한 목적으로 진행된다. 일터에서는 새로운 트렌드와 기술 학습을 위한 '학습 미팅'으로 운영할 수 있다. 직무가 유사하거나 동일한 경우 '동료의 성공과 실패' 경험을 학습 기회로 활용할 수 있다.

- **주제 선정**: 현업의 공동 관심사를 선정한다. 전략적 측면에서 실행 중이거나 대응이 필요한 과제에서 출발할 수 있다. 일상적 운영 측면에서 품질과 생산성 개선에 유용한 기반 기술의 트렌드에 대한 주제도 좋다.

- **자료 공유**: 주제에 대한 충실한 이해를 위해, 관련 문헌과 실제 사례 등의 자료를 공유한다. 너무 많은 내용이나 어려운 자료는 지양해야 한다. 핵심을 명확히 이해할 수 있는 수준으로 간결하게 선정하는 것이 효과적이다.

- **발제**(發題): 정기적인 학습 방식으로 운영할 계획이라면, 일정별 발제자를 미리 선정해야 충실한 준비가 가능하다. 발제 자료 작성은 최소화하는 것이 좋다. 팀원들의 역량 개발을 위한 좋은 의도가 부담스러운 과제로 인식되지 않도록 주의해야 한다. 예를 들어, 3페이지 이내로 최대한 간단한 양식으로 제한하는 것도 고려할 수 있다.

- **토론**: 상황에 따라 발제자가 토론 진행자 역할을 병행할 수 있다. 미리 토의 질문을 2~3개 준비해서 참석한 동료들의 생각과 경험을 요청한다. 모호하고 부족한 부분들을 명확히 하는 과정으로 이끌되, 논쟁이 되지 않도록 중재해야 한다. 토론을 마무리할 때는, 세미나 주제에 대한 시사점과 적용점에 대해서 명확히 정리하는 시간을 반영한다.

이때 참석자들의 소감 공유 시간을 반영하는 것이 효과적이다.

지식정보화 시대가 도래하고, 학습과 성장은 최고의 경쟁력이 되었다. 훌륭한 인재를 유인하기 위해서도 학습하는 문화가 필요하지만, 구성원의 성장과 몰입을 돕는 활동은 리더가 구성원에게 제공할 수 있는 매우 구체적인 '가치 제공' 활동이 된다. 다양한 활동이 어렵다면, 일상의 일 경험 속에서 유용한 지식을 습득할 수 있는 '경험과 성찰' 문화를 조성하는 것에 초점을 두어도 좋다.

9장

조직문화의
변화(Renovation)를
이끄는 방법

최근 몇 년 동안 일터는 빠른 속도로 바뀌었다. 노동과 환경, 안전 관련 법규가 강화되면서 이에 수반된 일련의 변화들이 있었다. 게다가 디지털사회로의 전환 과정에서 경험한 코로나 팬데믹 때문에 짧은 기간 동안 크고 작은 변화가 많았다. 각 기업들은 유연하고 민첩한 조직을 만들기 위해 직급제도와 평가제도, 근무 방식 등도 대폭 변경했다. 특히 수평적인 조직 구조에서 일터 인격권을 강조하고, 자율과 책임을 강조하기 위한 다양한 조치들이 시행되었다.

하지만 구성원 입장에서는 기존에 누렸던 혜택을 포기해야 하는 경우도 있었고, 새로운 적응 과정의 혼돈과 불편을 감수해야 하는 상황도 발생했다. 언제나 새로운 변화에는 극복해야 하는 저항과 반대가 생기기 마련이다.

그럼에도 리더는 현재의 안정적 운영만이 아니라, 미래의 생존과 번영을 위해 변화를 모색해야 한다. 환경변화를 예측하고 빠르게 대응하기 위해, 멀리 보고 귀를 열어 두고 있어야 한다. 새로운 기회와 위험을 포착하기 위해서는, 꾸준히 변화 아젠다를 발굴하고 실행해야 한다. 변화의 속도가 빨라지고, 그 폭이 커진다는 점에서 리더의 변화관리 역량은 더욱 중요해지고 있다.

1 변화 아젠다는 어떻게 발굴할까?

조직문화를 바람직한 방향으로 의도적으로 변화시키는 과정을 '조직개발'이라고 부른다. 조직의 효과성과 생산성을 높이기 위한 목적으로, 조직

구분	조직변화 (Organizational Change)	조직개발 (Organizational Development)	변화관리 (Change Management)
공통점	• 조직의 바람직한 방향, 계획적 변화의 효과적 실행에 초점을 두고 있다. • 조직 효과성을 높이는 일련의 활동, 프로세스에 관심을 둔다.		
차이점	• 외부와 내부의 환경 변화, 전략의 수정 등 다양한 원인에 의해 발생하는 변화 • 구조, 프로세스, 문화, 인력 등 다양한 목적과 요인에 의한 변화 • 넓은 의미	• 조직의 생산성과 효율성 향상 추구 • 조직의 전략적 목표달성을 위한 조직문화와 구조의 변화 • 미션과 비전 등의 가치체계 정렬 필요	• 새로운 시스템 도입, 조직구조 개편, 기술 혁신 등 다양한 상황에 적용 • 성공적 변화 추구 • 변화 과정에 수반되는 구성원의 감정적 저항과 불확실성 극복
비고	• 글로벌화, DT, 경영 혁신, 팬데믹 등	• 조직개발은 변화관리 과정을 포함	• 변화관리는 조직개발을 포함하지 않음

차원의 변화를 이끌게 된다. 이 과정을 성공적으로 이끌기 위해서는 효과적인 변화관리 스킬이 필요하다. 그렇다면 어떤 문화를 조성해야 할까?

| 변화환경에 적합한 조직문화는 무엇인가? |

조직문화는 구성원의 몰입과 성장, 협업과 시너지를 촉진하는 데 긍정적으로 기여한다. 경쟁자들도 단기간에 모방하거나 바꾸기 어렵다. 그러므로 장기적 관점에서 팀이 가진 고유한 문화는 '쉽게 따라 하기 어려운' 차별화 요소다.

반면, 고유 문화에 대한 배타성과 우월감은 변화의 필요성을 느끼지 못하게 만든다. 마치 '승자의 저주'처럼 과거의 성공 요인이 실패 원인으로 전락할 수 있음을 경계해야 한다. 즉, 꾸준히 최적화해야 한다. 디지털대전환 시대의 다양한 사람들이 수평적 구조에서 복잡하고 예외적인 문제를 협업을 통해 해결해야 하는 상황이 도래하고 있다. 새로운 환경에 더욱 강조되는 조직문화는 다음과 같다.

· 민첩하고 유연한 협업 문화
· 애자일 하게 일하는 문화
· 명확성과 예측 가능성이 높은 문화

- 심리적으로 안전하고, 다양성을 존중하는 포용적인 문화
- 업무 배분과 평가 보상이 공정한 문화
- 참여적으로 의사결정 하는 수평적 문화
- 학습과 성장을 촉진하는 문화
- 새로운 시도를 장려하는 문화

아무리 좋은 방향이라 하더라도, 우리 팀에 적합하지 않다면 '오렌지'를 '낑깡'으로 만들게 된다. 우리 팀의 미션과 직무 특징 그리고 구성원의 상황을 고려해서 선택하고, 미세하게 조정하는 과정이 필요하다. 새로운 조직문화를 최적화하고 성공적인 변화를 이끄는 역할은 리더의 몫이다.

조직문화 변화 아젠다 발굴 방법

모든 사람과 조직은 기존의 익숙한 방식에 따라 행동할 가능성이 높은 '경로 의존성Path Dependency Theory'이 있다. 초기에 설정된 방향을 오래 반복하며 '변화의 필요성'을 깊이 느끼지 못하곤 한다. 문제는 과거의 방식을 고수했을 때 실패할 가능성이 높아지는 '능동적 타성Active Inertia'이다. 런던비즈니스 스쿨의 도널드셜Donald Sull 교수는 변화 아젠다를 효율적으로 발굴하기 위해 전략, 절차, 관계, 가치의 4가지 영역을 검토하도록 제안했다.

첫째, 전략

목표를 가장 효과적이며, 효율적으로 달성할 수 있다고 판단하여 선택한 방법을 '전략Strategy'이라 부른다. 전략은 환경 분석을 기반으로 수립한다. 급변하는 환경 속에서 집단의 전략은, 과거의 분석자료를 기반으로 수립했기 때문에 '유효하지 못한 전략'으로 전락할 가능성이 높다. 목표달성 기여도가 낮은 전략은 변화의 대상이 될 수 있다.

둘째, 프로세스(절차)

기존의 안정적 운영을 돕는 프로세스는 '새로운 전략'에 따라서 수정될 수 있다. ICT 발달로 일하는 방식이 급격히 바뀌었다는 점을 고려해 볼 때, 폐기, 통합 또는 신규 수립이 필요한 경우가 증가했다. 실제 각 프로세스를 책임지는 구성원이 가장 잘 알 수 있지만, 변화에 관심이 없는 경우가 많다. 리더는 구성원 입장에서 현재 익숙한 방식이 최적화된 것인지, 효율적인 것인지를 객관적으로 평가해야 한다. 조직문화의 변화관리에서 프로세스에 가장 주목할 필요가 있다. 왜냐하면 구성원 모두가 가장 빈번하게 활용하는, 자연스러운 문화에 가깝기 때문이다.

셋째, 관계

사회적 관계는 더욱 수평적, 개방적으로 바뀌고 있다. 갑과 을이라는 위계적 구조를 토대로 구성원 또는 외부 협력회사와 관계를 맺고 있는지 살펴봐야 한다. 관계 변화는 의사결정 방법을 바꾸기 마련이다. 협의와 합의 과정이 더욱 요구된다. 변동 가능성이 높은 '영향력' 차원도 마찬가지다. 대안을 많이 갖고 있는 쪽이 협상에서 유리한 지위를 차지할 수 있기 때문에, 변화된 관계에 적합한 대응이 필요하다.

넷째, 가치

과거 '양Quantity'과 '속도'를 중요한 가치로 생각했지만, 이제는 '질Quality'과 '독창성Unique'이 더 중요해졌다. 디지털네이티브 구성원과 고객이 경제활동의 다수를 차지하고 있기 때문에, 중요하게 여기는 '가치'도 달라졌다. 고맥락 중심의 가치에서, 공유하는 것이 적은 저맥락 중심의 개인주의적 가치로 바뀌었다. 리더는 오랜 전통 위에 새로운 다양성을 포용하고 공존하기 위한 활동이 필요하다면, 무엇인지를 도출해야 한다.

이외에도 쉽게 접근할 수 있는 방법으로, 간단한 설문을 통해 확인해 보는 것도 좋다. 구성원이 인식하고 있는 모습을 확인하는 데 효과적이다. 이를 통해, 전체 기준과 비교해서 낮은 부분에 대해 인터뷰와 관찰 등으로 변화 아젠다를 발굴할 수 있다. 가장 쉽게 점검할 수 있는 부분이, 조직문화의 구체적인 모습을 검토해 보는 것이다.

- 우리 팀의 전체 리추얼은 긍정적인가? 형식만 남아 있는 경우는 없는가? 새로운 의미를 담아낼 것은 무엇인가?
- 우리 팀의 규칙은 여전히 생명력이 있는가? 아무도 지키지 않는 규칙

은 없는가? 새로운 규칙이 필요하다면 무엇인가?

· 우리 팀이 애자일 하게 일하기 위한 업무적 소통 루틴은 효과적인가? 비효율적인 부분은 무엇인가? 새롭게 만들어야 하는 소통 상황은 언제인가?

· 우리 팀의 참여적 의사결정은 잘 작동하는가? 운영 방식에 문제는 없는가? 더욱 확대가 필요한 의사결정 아젠다는 무엇인가?

· 우리 팀의 학습과 성장을 위한 문화는 효과적인가? 유효하지 못한 활동은 무엇인가? 새롭게 시작해야 하는 것은 무엇인가?

· 우리 팀의 불합리한 관행은 무엇인가?

· 우리 팀의 최근 변경사항은 무엇인가? 조직 개편, 신규 입사자, 직무 변경, 이동사항에 따른 변화가 필요한 것은 무엇인가? 새롭게 변경하거나 정립해야 하는 프로세스가 있다면 무엇인가?

변화 워크숍 운영 방법

- 진단형 조직개발 방법Diagnostic Organizational Development

조직개발의 전형적인 접근 방법은 '진단'이다. 예를 들어, 조직몰입도, 조직문화, 직무몰입도, 구성원 의견 조사 등이 있다. 이는 모두 '표준 모델'에 기반한 설문조사를 실시하는 방법이다.

예를 들어, 권위 있는 조직문화 진단 도구를 선택해서 진단을 실시한다. 진단 결과로 나타난 프로파일은, 바람직한 문화를 기준으로 현재의 차이(Gap)를 객관적으로 인식하도록 돕는다. 이후 조직문화의 변화 방향을 구체화하고 방법을 수립, 실행하는 프로세스이다.

다시 말해, 진단 도구에서 지향하는 조직문화 모습을 '정답'으로 가정하고 접근하는 방법이다. 검증된 기준을 통해 효율적으로 접근할 수 있는 장점이 있지만, 각 조직과 구성원의 특수성을 미세하게 반영하지 못한다는 아쉬움이 있다.

- 진단보다는 대화형 조직개발 방법Dialogic Organizational Development

안정적 환경에 '정답'이 있었던 시대는 지나고, '모범답안'을 찾아야 하는 복잡한 상황이 도래했다. 정확한 예측보다는 민첩하게 대응하면서, 예외적인 문제를 해결하며 새로운 지식을 구성해야 한다. 이런 관점에서 보면, 진단을 기반으로 접근하기보다는 '대화형 조직개발 방법'이 더 효과적이다.

마샥 교수와 부쉬Robert J. Marshak & Gervase Bushe는 외부 변화환경에 대한 다양한 정보를 바탕으로 구성원들이 진지한 대화를 나누는 과정에서, 적응적 행동이 가능한 '좋은 아이디어가 갑작스럽게 떠오르는' 창발創發, Emergence 현상이 일어난다고 보았다. 이처럼 조직 내에서 구성원들의 상호작용과 협력을 통해, 변화환경에 유연하게 적응할 수 있는 조직문화를 형성하는 '자기조직화Self-Organization'가 나타난다. 조직문화의 자기조직화는 조직의 유연성과 적응력을 향상하며, 혁신과 창의성을 촉진하는 데 도움이 된다. 이는 조직 내에서 긍정적인 분위기를 조성하고, 구성원의 만족도와 참여도를 높여준다.

실제 변화를 성공적으로 이끌기 위해서는, 방향성 수립 단계부터 구성원이 참여해야 한다. 그래야 서로 상상을 공유하는 '상호 주관성'을 기반으로, 고유한 의미를 만들어 낼 수 있다. 쉽게 말해, '우리들의 이야기'를 만들고 이를 현실로 만들기 위해 다짐하는 과정으로 볼 수 있다.

이를 실현할 수 있는 형식이 변화 워크숍이다. 워크숍에서는 모든 구성원이 자유롭게 의견을 말할 수 있어야 한다. 솔직하고 편안한 대화 속에서 우연히 떠오르는 아이디어를 공유하고, 충실도를 높이면서 매력적인 실천과제로 만들 수 있다. 마샥 교수는 이를 생성형 변화Generative Change 과정으로 설명했다.

〈생성적 변화 프로세스(Generative Change)〉

· 1단계 - 적응적 도전 과제 식별하기((Identify the Adaptive Challenge)

· 2단계 - 가능성에 초점을 맞춘 목적 선언문으로 재구성하기(Reframe into Possibility Focused Purpose Statement)

· 3단계 - 다양한 이해관계자들을 참여시켜 생성적 대화 이끌기(Engage Diverse Stakeholders in Generative Conversations)

· 4단계 - 자율적 혁신 활동과 새로운 시도 자극하기(Stimulate Self-organized Innovations Probes)

· 5단계 - 성공과 실패의 경험에서 배우기(Learn from Success and Failures)

· 6단계 - 성공적인 시도들의 확대 적용과 정착시키기(Scale up and Embed Successful Probes)

변화 워크숍에서 새로운 의미를 형성하도록, 서로의 기대를 공유할 수 있는 '자유로운 대화 시간'을 반영해야 한다. 이때 대화는 '단점을 극복'해야 하는 접근 방식이 아니라, '강점과 긍정'에 의도적으로 초점을 맞추는 것이 효과적이다. 더 나은 일터, 팀의 모습에 대해 함께 꿈을 꾸는 시간으로 활용해야 한다. 우리 팀의 긍정적 가치를 탐색하는 방법Appreciative Inquiry 으로 4단계로 진행할 수 있다. 각 단계별 토의 초점을 전환하면서, 꿈을 현실로 만들기 위한 변화 실천 과제를 도출할 수 있다.

<긍정적 가치 탐색 방법>

구분	활동 초점	핵심 질문
1단계 Discovery	• 조직의 강점과 최고의 사례 발견	• 무엇이 강점인가?
2단계 Dream	• 1단계에서 발견한 조직의 강점을 활용한 긍정적 미래 모습 상상	• 무엇이 될 수 있나?
3단계 Design	• 2단계에서 표현한 이상적 조직 실현을 위한 과업과 실천 계획 수립	• 무엇을 해야 하나?
4단계 Destiny	• 3단계에서 수립한 전략을 현실에 적용하고 실천하는 단계 • 다시 1단계의 강점 발견에 주목	• 실천하며 경험한 강점은 무엇인가?

워크숍을 진행하는 퍼실리테이터는 참석자 모두에게 질문을 하여 강점 발굴과 바람직한 미래의 모습을 더욱 선명하게 그려 볼 수 있게 한다.

· 미래의 완벽한 팀의 모습은 무엇인가? (이미지 카드 또는 웹 검색을 활용한 스토리 공유)

· 팀의 현재 수준에 대한 점수를 부여하면 몇 점인가? (10점 만점 기준)

· 우연히 기적과 같이 현실로 실현되었던 팀의 모습은 어땠는가?

· 팀이 할 수 있는 작은 실천은 무엇인가? (과거의 실천 사례, 현재 실천하고 있는 것)

· 실천이 성공했음은 무엇으로 확인할 수 있는가?

2   변화관리 접근 전략

팀의 문화를 바람직한 방향으로 개선하기 위해서는 효과적인 전략이 필요하다. 생각보다 쉽지 않고, 적지 않은 시간과 노력이 필요하다. 변화 아젠다를 구체적인 실행으로 이끌기 위해서는 집단 속에서의 인간 행동 원리에 주목하면 유용한 단서를 찾을 수 있다.

| 변화관리 단계와 추진 단계별 구성원의 심리 |

- 거시적 변화관리 3단계

사회심리학자 쿠르트 레빈Kurt Lewin은 성공적인 변화를 위해서는 3단계 의 과정이 필요하다고 했다.

첫 번째 단계는 해빙Unfreezing 단계다. 구성원들에게 변화의 필요성과 욕구를 자극하는 단계다. 이때 리더는 현재 조직문화의 문제를 인식하고, 변화 방향에 대해서 공감대를 형성하기 위한 소통에 초점을 두어야 한다. 두 번째는 이동Moving, Changing 단계다. 리더는 바람직한 조직문화를 위한 아이디어와 프로그램을 개발하고, 조직 내 전파와 실행을 해야 한다. 구성원들이 변화를 수용하도록 캠페인과 교육, 코칭 등 다양한 지원 활동을 통해 구체적인 변화가 일어나도록 이끌어야 한다. 세 번째는 재결빙 Refreezing 단계다. 변화된 행동이 반복적으로 지속되어, 구성원들의 자연스러운 문화로 정착되는 단계다.

리더는 새로운 행동 양식을 꾸준히 강화하기 위한 활동을 추진해야 한다. 마치 다양한 형태의 금목걸이와 금반지, 금귀걸이 등을 도가니에 모아서 뜨거운 불로 녹인 후 새로운 모습의 보석으로 만드는 과정을 상상해도 좋다.

- 변화 단계별 구성원의 심리

변화관리를 성공적으로 이끌기 위해서는 구성원의 심리적 상태에 주목해야 한다. 죽음을 오랫동안 연구했던 퀴블러 로스Kubler-Ross는 죽음을 받아들이는 환자들의 심리적 변화를 '부정, 분노, 타협, 절망, 수용'의 5단계로 제시했다. 인간에게 가장 충격적인 변화 상황을 다룬 것이라 모든 상황에 적용하기에는 한계가 있다. 신시아 스콧과 데니스 자페Cynthia Scott &

Dennis Jaffe는 퀴블러 로스의 관점을 기반으로 조직변화 가운데 구성원의 심리적 특징을 다음의 4단계로 제시했다.

1단계 '거부Denial'

구성원들은 새로운 변화에 대해서 '거부와 부정'하는 행동을 보인다. 과거의 익숙한 것에 작용하는 관성 때문이다. 변화 필요성에 대해서 공감하지 못하는 상황이다. 과거와 비슷하게, '용두사미'로 끝날 것이라는 생각을 갖고 있다. 리더는 구성원들에게 집단이 직면하고 있는 상황에 대한 객관적 정보를 제공해줘야 한다. 소통의 아젠다는 주로 변화의 중요성, 필요성이다.

2단계 '저항Resistance'

변화의 강도와 지속성이 현실화되면서, 분노와 불안감이 더욱 깊어지는 단계다. 부정적 감정이 보편정서가 된다. 구성원들은 집단방어기제를 발휘하며, 변화를 방해하거나 적극적으로 저항하는 행동을 하기도 한다. 이 단계에서 리더는 '저항을 설득'하는 데 초점을 두어야 한다. 변화의 성공 가능성과 혜택에 대해서 알려주어야 한다. 또한 어려움에 대한 공감 표현과 심리적 안전감을 높여주어야 한다.

3단계 '탐색Exploration'

변화 상황이 지속되면서, 이제는 과거를 잊고 새로운 상황에 적응하는 단계다. 구성원들은 받아들여야 하는 현실임을 인지하고, 이를 효과적으로 극복하기 위한 대안을 적극적으로 탐색한다. 이 단계에서 리더는 구성원들의 적응을 돕기 위한 다양한 방법의 학습을 지원해야 한다. 또한 긍정적 확신과 참여를 돕기 위해, 성공 사례를 발굴하여 공유해야 한다. 다양한 시도를 장려해야 한다.

4단계 '전념commitment'

탐색 단계에서 시도한 결과, 의미 있는 성과를 경험한 단계다. 변화가 성공적으로 안정화되는 단계로, 긍정적 분위기가 형성된다. 구성원들은 새로운 방식에 전념함으로써, 변화에 적응해 나간다. 이때 리더는 성과에 대한 객관적 인정과 보상을 제공해야 한다. 구성원의 성공을 축하하고 격려함으로써, 변화 행동을 지속할 수 있도록 도와야 한다. 변화 과정의 심리적 특징을 고려하여, 리더는 '부정적 감정을 최소화하고, 어차피 겪어야 하는 과정'을 최대한 짧게 끝내도록 도와야 한다. 공감을 이끌고, 저항을 극복하는 데 집중해야 한다.

모든 변화는 저항을 수반한다

최근 10년 사이 직급과 호칭 제도, 유연근무 제도 등 일터의 조직문화 개선을 위한 다양한 시도가 증가했다. 자유롭고 창의적인 조직문화를 위한 변화임을 명확히 밝혔지만, 구성원들 입장에서는 해석의 차이가 존재했다. 승진 기회 축소와 임금 인상률 하락 등 불만도 증가했다.

모든 변화에는 기존의 관성과 마찰에 따른 '저항'이 존재하기 마련이다. 구성원들이 저항하는 이유는 명확하다. 왜냐하면, 변화로 기존에 누리고 있던 것 중 잃어버리게 되는 것은 확실한 현실의 손해가 되는 반면, 새로운 변화를 통해서 얻게 되는 것은 불확실한 확률에 지나지 않기 때문이다. 설령 명확하게 '이익'이 된다고 해도, 변화 과정은 불변하고 어려운 여정이 분명이다. 대다수의 사람들은 이런 위험과 비용을 치르고 싶어 하지 않는다.

하버드대 존 코터 교수는 『기업이 원하는 변화의 리더』라는 책을 통해 변화를 방해하는 저항의 원인을 6가지로 제시했다.

· 혼란 가중: 위협을 느낌, 타인을 비방하는 행동을 보임
· 불확실성 증가: 변화 후 모습에 대한 확신을 갖지 못함, 늦은 의사결정 보임
· 당혹감: "준비도 안 됐는데, 이렇게 갑자기?", 총론은 찬성하지만 각론은 반대함
· 자신감 결여: "내가 할 수 있을까?" 새로운 방식의 두려움으로 소극적 행동을 보임

· 권력 다툼: "내가 승자가 될까, 패자가 될까?", 조직 내 갈등 구조 생성
· 기득권 상실: "내 자리 위태로워지는 거 아냐?", 자기 방어, 부서 이기
  주의 발생

변화에 저항하는 원인들의 공통점은 '실제로 일어나지 않을 수도 있는 심리적 요인'이라는 점에 주목할 필요가 있다. 객관적 사실이 아닌, 구성원의 '주관적 해석' 과정에서 발생하는 오류로 이해할 수 있다.

저항을 극복하기 위한 리더의 역할은 명확한 소통과 설득이다. 리더가 명확히 소통하지 않으면, 구성원들의 불만은 매우 높아지며, 오히려 구성원들이 이야기를 만들어 낼 수 있다는 점을 유의해야 한다.

| 성공적 변화를 위해 집단의 다수에 초점을 맞춰라 |

에버렛 로저스Everett M. Rogers는 한 사회나 조직 내에서 새로운 변화가 어떻게 확산되어 가는지를 구체적으로 제시했다. 20세기 초 대공황과 2차 세계대전 이후 식량 문제가 심각하게 대두되면서, 미국은 병충해와 가뭄에도 잘 견디어 수확량이 탁월한 곡물의 품종 개량 사업을 진행했다. 그 결과 옥수수와 감자의 품종 개량에 성공했다.

하지만 새로운 품종이 재래종보다 훨씬 더 높은 수확량을 얻을 수 있다는 것이 과학적으로 입증되었음에도 불구하고, 많은 농부들이 기존의 재래종을 그대로 고집했다. 1934년 당시 아이오와주 그린카운티에는 옥수수 재배 농부가 259명이 있었다. 이 중 새로운 품종을 심은 농부는 16명에 불과했다. 이후 단계적 추진을 통해 7년이 지난 1941년 전체 농가 중 2명을 제외하고 모두 새로운 품종으로 바꾸어 재배하게 되었다.

아이오와주 정부에서는 이런 사회적 현상을 연구하기 위해, 농업사회학과가 만들어졌고 로저스 교수는 이 분야의 연구에 몰입하게 되었다. 그 결과 새로운 변화와 혁신이 확산되는 과정은 정규분포곡선을 따른다는 점을 밝혔다.

<혁신의 확산이론, 에버렛 로저스(1962)>

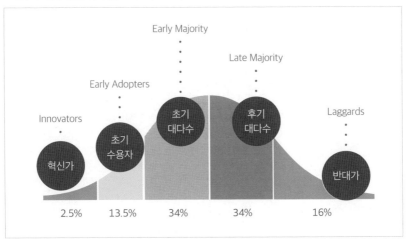

여기서 주목할 부분은 2가지이다. 첫째는 초기 변화를 추진하는 과정에 리더 입장에서 믿고 적극적으로 참여해주는 '초기수용자'를 확보하는 것이 중요하다. 집단의 68% 정도를 차지하는 사람들은 타인의 행동을 보고 변화를 선택하기 때문이다. 가장 신뢰하는 소수 인원의 참여를 통한 초기 성공이 구성원 전체에 빠르게 확산할 수 있다. 변화를 추진할 때, 집단의 다수가 참여하게 되면 그 이후로는 매우 빠르게 전환된다. 사회학자 말콤 글래드웰Malcolm Gladwell은 이를 '티핑포인트Tipping Point'라고 불렀다. 티핑포인트가 도래하기 전까지는 변화에 대한 노력과 활동을 많이 하더라도 눈에 띄는 변화를 확인하기 어려울 수 있다. 초기의 성공 사례를 모방하며 전파되며 급속히 유행으로 확산된다.

구분	특징
혁신가 Innovators 2.5%	• 모험을 좋아하고 새로운 아이디어를 시도하는 성향을 보이는 사람 • 변화를 즐기고 주도하는 혁신가
초기 수용자 Early Adopters 13.5%	• 사회 참여의 정도가 더 높고, 혁신가와 자주 접촉하며, 대인 커뮤니케이션이 더 활발하고, 미디어와 정보 탐색을 즐기고, 의견을 주도함 • 빠르게 변화를 채택하고, 다른 사람들에게 적극적으로 의견을 전달함
초기 대다수 Early Majority 34%	• 신중하고 동료들과 상호작용이 많지만 지도자 위치에는 있지 않은 사람 • 변화 요구에 따라가는 사람
후기 대다수 Late Majority 34%	• 의심이 많고 압력 때문에 어쩔 수 없이 변화를 채택함 • 변화 요구에 수동적이지만, 다수가 움직이면 마지못해 따라가는 사람
반대가 Laggards 16%	• 보수적이며, 준거 시점이 대개 과거에 있음 • 끝까지 변화에 참여하지 않을 가능성이 높음

둘째는 반대가 16%를 참여하도록 이끄는 노력은 그리 효과적이지 않다는 점이다. 과거의 입장을 끝까지 버티거나 반대 입장에 저항할 가능성이 높기 때문이다. 성공 사례를 초기에 빨리 만들어야 하기 때문에, 긍정적 참여자와 일부 주저하는 사람들을 설득하는 데 노력을 투입하는 것이 효과적이다.

3 변화관리 상황에 적합한 소통 방법은 무엇인가?

변화관리의 성공요소는 리더의 소통 스킬이다. 모호함과 불안함을 고려해서, 명확한 소통이 필요하다. 구성원들이 변화의 끝그림에 대한 모습과 진행과정을 또렷하게 이해할 수 있어야 한다. 종종 저항하는 구성원에 대해서는 공감과 설득의 과정도 필요하다. 마치 외부인처럼 불만이나 비판하는 경우, 참여를 유도해야 한다.

| 변화 방향에 대한 명확성을 높이는 소통 방법 |

- 구성원 입장에서 소통하라

변화 과정에서 구성원 입장에서 가장 궁금한 부분은 Why, What, How

이다. 리더는 가장 먼저 이 세 가지에 대해 명확히 소통해야 한다.

첫째, Why. 변화에 대한 필요성과 시급성을 알려야 한다. 만약 대다수의 구성원들이 무관심하다면, '위기감'을 조성하는 것도 방법이다. 현재의 상태가 지속될 경우, 잃게 되는 손실이나 기회비용 등의 데이터를 기반으로 설명할 수 있다.

둘째, What. 변화를 통해 새롭게 실천해야 하는 문화가 무엇인지를 제시해야 한다. 이를 통해 얻게 되는 것이 무엇인지 기대감을 갖도록 해야 한다. 기존보다 매력적인 혜택을 경험할 수 있다는 점을 확신시키기 위해서, 구체적인 증거들을 기반으로 소통해야 한다.

셋째, How. 구성원 입장에서 어떻게 실천해야 할지 구체적인 방법을 설명해야 한다. 불안한 사람들에게는 예측 가능성을 높여주는 것이 중요하다. 앞으로 어떤 절차, 일정에 따라서 흘러가게 될지에 대해서 개요 Summary를 알려주는 것이다. 명확한 단계와 체크포인트를 제시함으로써, 누구라도 충실히 따르면 어렵지 않게 성공적으로 변화할 것이라는 확신을 심어줘야 한다.

새로운 변화가 너무 복잡하고, 어렵다면 변화에 참여하기를 주저하게 된다. 변화의 방향성에 대해서는 동의하지만, 실제 과정이 어렵게 인식되면 빠르게 참여하지 않는다. 최대한 간결하고, 명확하게 가이드라인을 제시해야 한다. 그 과정에 어려움을 해결할 수 있는 FAQ를 만들고, 언제라도 도움을 제공할 수 있는 핫라인을 구축해야 한다.

- 변화 메시지 구조를 활용하라

변화 방향성을 제시할 때, 효과적으로 활용할 수 있는 스토리의 구조가 있다. 구성원의 공감과 지지를 얻기 위해서는, 딱딱한 데이터와 논거를 갖춘 충실한 논리만으로는 부족하다. 꼭 필요한 조건이 분명하지만, 이미지로 상상할 수 있는 이야기Story가 효과적이다.

링컨은 1863년 남북전쟁을 승리로 이끈 후, 게티스버그에서 "Of the people, By the People, For the People"이라는 자유와 평등의 메시지를 전달했다. 전쟁으로 비싼 대가를 지불했던 모든 국민에게 전하는, 하나 된 미국으로의 협력과 번영을 이끌기 위한 새로운 변화 메시지였다. 이후 100년이 지난 1963년 "I have a dream"이라며 마틴 루터 킹 목사는 여전히 인종차별이 존재하는 현실을 넘어 새로운 꿈을 제시했다. 수많은 사람들에게, 피부색 차별 없이 모든 아이들이 함께 즐겁게 뛰어노는 세상을 그려보게 했다.

링컨과 마틴 루터 킹은 시민들에게 복잡한 논리와 세련된 표현이나 제스처보다, 구성원들이 간절히 바라던 이미지를 구체적으로 상상하고 경험할 수 있도록 스토리로 전달했다. 공감과 지지를 이끌어내는 데 초점을 두었다.

변화 메시지를 효과적으로 전달하기 위해서는 변화의 목표, 현재의 상황, 얻게 되는 이점, 지원에 대한 약속의 내용을 순서대로 전개해야 한다.

단계	메시지 초점	적용 사례
목표	변화 활동을 통해 이루고자 하는 목표	"하이브리드 방식의 근무제를 도입해서, 시간과 공간의 제약 없이 자유와 책임을 높이는 조직문화를 강화하고자 합니다"
상황	구성원들의 변화에 대한 생각을 확인하고 저항 요인 수렴	"디지털 협업 도구 활용이 익숙하지 않고, 적합한 환경이 구축되지 않아 부담스럽게 생각하는 것 잘 압니다." "특히 ○○점이 걱정스럽고, ○○이 자신 없다는 것도 깊이 공감합니다."
이점	변화 활동으로 갖게 될 개인/조직의 이점	"잘 정착이 되면 훨씬 자유롭게 일할 수 있고, 몰입할 수 있을 겁니다. 업무 생산성도 높아지고, 일과 삶의 균형에도 큰 도움이 될 겁니다."
약속	변화가 성공하기 위한 리더(나)의 지원 및 약속	"재택근무에 필요한 전자기기 구입은 팀 예산에서 지원해줄 예정입니다. 그리고 초기 안정화를 위한 시범근무 등을 통해서 중단 없이 편하게 일하도록 돕겠습니다. 이 외에도 장애가 발생하면 IT팀의 긴급대응 서비스를 요청하겠습니다."

- 꾸준히 진척 수준을 업데이트하라

변화 과정에 불안한 구성원들을 고려해서, '지금 여기가 어디쯤인지'를 업데이트해 주어야 한다. 온라인마켓이 급속히 성장한 것은, 주문한 상품이 지금 어디쯤 오고 있는지 실시간으로 조회가 가능했기 때문이다. 나의 거래가 명확하게 전달되고, 제대로 이행되고 있음을 확인할 수 있을 때 '안전'하다고 느끼게 된다. 초기 계획된 일정과 현재까지의 진척 수준에 대해서, 매주 또는 매월 약속된 시점에 정기적으로 소통해야 한다.

이 과정에서 초기의 성공 사례를 발굴해서 공유하는 것도 필요하다. 소위 작은 성공Small Win을 공유하는 것이다. 새로운 변화가 과거의 것보다 유용하며, 실제로 혜택을 누린다는 증거를 접하게 될 때, 더욱 많은 구성원들이 참여하게 된다. 변화에 참여하기를 주저하는 구성원들이 쉽게 주변의 성공 사례를 접할 수 있어야 한다. 소위 바이럴Viral 마케팅에 해당하는 '입소문'이 중요하다. 성공한 사람들은 자신의 경험을 긴밀하게 상호작용하는 구성원들에게 사례를 공유하게 된다.

소통 채널도 다양하게 확보하는 것이 좋다. 팀의 규모가 크고 여러 지역에 위치한다면 대면 소통의 기회를 자주 갖기 어렵다. 화상회의, 이메일, 발표회, 협업 도구, 채팅방 등 다양한 채널을 활용할 수 있다. 이때 동일한 메시지를 일관되게 전달할 때 더욱 효과적이다.

| 변화의 저항에 대한 설득력을 높이는 소통 방법 |

- 저항에 대한 공감적 반론을 위한 3F

먼저 충분하게 공감하는 과정이 필요하다. 구성원 입장의 생각과 감정에 대해서, 깊이 들어주는 시간이 우선이다. 구체적으로, 상대의 입장에서는 충분히 그런 주장 또는 감정이 가능하다는 점을 명확하게 인정하는 과정이 꼭 필요하다. 마치 완충제인 '스펀지'를 덧대는 것과 비슷하다.

먼저 인정과 공감의 정서를 전달한다. 반대하는 구성원에 대한 존중감을 담아내기 위해서는 약간의 호흡이 필요하다. 그리고 정중하게 '나도 몰랐지만, 알게 된 것'이라는 점의 '인지부조화'를 유도한다. 상대방의 신념과 경험이 부족하거나 틀릴 수 있다는 것을 알려주는 것이다.

구분	내용	활용 문장	예시
Feel	상대방의 현재 감정을 확인한다.	• 그렇게 느끼시는군요.	"업무 분장 개편 결과에 대해서, 당혹감을 느끼시는군요."
Felt	동일하거나, 유사한 과거 경험을 들어 공감을 표현한다.	• 저도 그렇게 생각했다. • 다들 그렇게 느꼈다.	"아시다시피 저도 갑자기 보직이 변경되어 이동했던 경험이 있다. 당황스럽고 자신감도 낮았다."
Found	상대방이 몰랐거나, 간과했던 부분을 알려준다.	• 그런데 알고 보니, 다른 점이 있더군요.	"그런데, 지나 보니 커리어에 정말 좋은 기회였다. 그 시기 1년 동안 지금의 직무 전문성과 소통 역량을 키울 수 있었다."

- 논리적 설득을 위한 프렙PREP

논리란 주장하는 메시지와 이를 뒷받침하는 구체적인 데이터와 이론 또는 권위 등의 논거가 짜임새 있는 경우를 말한다. 주장에 대한 이유가 '타당하고 납득할 만한 내용'일 때, 논리성을 갖추었다고 말할 수 있다.

논거는 상대방도 인정할 수 있는 널리 알려진 내용일수록 효과적이다.

예를 들어, 법적 근거나 과학적 사실과 구체적인 사례 등을 생각해 볼 수 있다. 너무 많은 논거보다는 3가지 이내의 가장 핵심적인 내용을 중심으로 전달하는 것이 임팩트가 크다.

프렙PREP은 신문의 사설 구조에서 빌려온 형식으로, 간결하지만 강력하다. 도입부에서 주장하고, 종결 시 재강조하는 반복을 통해 '원하는 메시지'가 무엇인지 명확하게 전달할 수 있다. 상대방의 설득 논거도, 개념적 측면의 이유뿐 아니라 구체적 사례를 통해 제시하도록 구조화되었다.

구분	내용	활용 문장	예시
Point 주장	가장 중요한 핵심을 먼저 말한다.	• 저는 ~해야 한다고 생각합니다! • 오늘 말씀드리고 싶은 것은 ~입니다!	"저는 제안서 작성 프로세스를 변경할 필요가 있다고 생각합니다."
Reason 이유	앞에서 주장한 이유나 배경을 풀어 설명한다.	• 왜냐하면 ~이기 때문입니다! • 그 이유는 ~입니다!	"왜냐하면, 최근 신규 프로젝트 수행으로 제안서 작성에 충분한 시간을 투입하기 어렵기 때문입니다."
Example 예시	주장을 증명하는 구체적인 사례를 몇 가지 소개한다.	• 예를 들면,~ • 구체적으로 말씀드리면~	"예를 들면, 고객사 미팅과 출장을 병행하면서 제안서를 충실히 작성하지 못해 낙주한 사례가 2건이나 발행했습니다."
Point 재강조	다시 한번 주장의 요점을 강조하고 마무리한다.	• 말씀드린 바와 같이, • 결론적으로~~ 다시 말씀드리자면	"결론적으로, 다음 주까지는 제안서 작성 프로세스 변경 미팅을 진행했으면 합니다."

- 능동적 참여를 촉진하는 화법

방관자 입장에 있다면 쉽게 비판하거나 부정적 이야기를 전달할 수 있다.

변화 과정에 참여를 주저하던 구성원의 마음이 어느 정도 열렸다면, 적극적인 참여를 요청할 수 있다. 참여에 대한 심리적 부담감을 심어주고, 함께 대안을 모색하고 실천하도록 이끌기 위한 화법이다.

참여 유도	• 대안 발굴 과정, 문제해결 과정에 직접 참여하도록 요청 • 어떻게 하면 ~~할 수 있을까요?	*"팀 문화를 성공적으로 바꾸려면, 어떻게 하면 좋을까요?"*
대안 발굴	• 질문을 통한 아이디어 촉진 • 무얼 할 수 있을까요?	*"과거에는 무얼 해 봤나요?"* *"지금 무얼 하고 있나요?"* *"앞으로 무얼 할 수 있을까요?"*
책임 확인	• 실천의 책임이 구성원에게 있음을 강조 • 실천 과정의 지원 약속 • 그럼 저는 무엇을 도와줄까요?	*"그럼 저는 무얼 도와주면 될까요?"* *"해결 방안은 언제 확인할 수 있을까요?"*

모든 변화는 초기 단계부터 구성원의 참여를 이끄는 방법이 가장 효과적이다. 리더는 변화관리 모든 단계에 걸쳐서 소통의 명확성을 높이는 데 초점을 두어야 한다. 리더가 주저하면, 구성원들이 잘못된 소문을 만들어낼 수 있다는 점을 기억하고 보다 적극적으로 개입해야 한다.

10장

새로운 행동의 내재화를 강화 (Reinforcement) 하는 방법

바람직한 조직문화에 대해 인식하고 이해하는 수준은 '물어보면 답변하는 수준' 정도로 볼 수 있다. 마치 도덕 시험을 보면 점수는 90점 이상으로 높더라도, 실제 공중도덕이나 교통법규를 위반하는 경우가 많은 것과 비슷하다. 일상에서 자연스러운 습관이 되어야 '내재화'되었다고 볼 수 있고, 진짜 변화했다고 말할 수 있다.

경험이 많은 구성원 입장에서, 다양한 캠페인이 진행되었지만 끝까지 지속되는 사례가 적다는 점에 주목하는 경우가 많다. 예를 들어, '일하기 좋은 직장' 만들기 캠페인이 트렌드가 되었던 2010년대 전후반을 떠올려 볼 수 있다. '좋은 의도'는 찾기 어렵고, '부담스러운 형식'으로 힘들어 했던 경험을 가진 분들도 적지 않다.

새로운 조직문화의 변화가 온전히 우리의 것이 되려면, 오랜 시간 반복과 자연스러운 내재화가 꼭 필요하다. 구성원의 행동 변화와 지속성을 높이려면, 인간 행동의 원리를 이해하고 적용할 수 있어야 한다.

1 바람직한 행동을 강화하는 접근 전략

과거의 기억이 문제다

성인이 바뀔 수 있을까? 생각보다 많은 사람들이 단호하게 바뀌기 어렵다고 답변한다. 나도 동의한다. 그렇다면, 왜 바뀌기 어려울까? 바로 인간의 기억記憶 때문이다. 추억과 기억에 쓰이는 한자를 보면, 마음 심이 2개나 들어 있음은 고대인의 지혜가 돋보이는 부분이다.

인간의 체세포의 80%는 일정한 주기로 생장과 소멸을 반복한다. 실제 코마 상태의 환자라도 손톱과 머리카락은 정기적으로 잘라 주어야 한다. 끊임없이 성장하고 변화하기 때문이다.

하지만 기억이 바뀐다면 어떻게 될까? 만약 백 일에 한 번씩 우리의 기억이 리셋 된다고 생각해보라. 생각만으로도 끔찍하다. 우리의 수많은 경험들은 미래의 낯선 상황에 다시 유용하게 활용할 수 있다고 판단될 때, 장기기억으로 저장된다. 모든 기억을 저장하지는 않는다. 반드시 활용 가치가 높다고 판단되는 경우 중 일부를 저장한다.

우리는 출생 이후 가족과 친척, 또래 집단과 학교 등을 거치면서 '유용한 경험을 기억'으로 저장해왔다. 유년 시절의 기억은 주로 성격 형성에 영향을 주고, 사춘기 이후의 기억은 가치관과 세계관 형성에 영향을 미친다.

기억은 스키마Schema라고 부르는 머릿속 틀과 비슷하다. 주로 외부의 자극에 대해서 어떻게 이해하고 판단할지 비교하는 기준으로 이용된다. 예를 들어, 동일한 영화를 보고도 사람마다 반응이 달라질 수 있는데 이는 영화 내용과 유사한 기억이 사람마다 다르기 때문이다. 과거에 긍정의 경험을 가진 사람의 반응과 부정적 경험을 가진 사람의 반응은 다를 수밖에 없다. 다시 말해, 개인이 가진 과거의 기억에 따라 외부 자극에 대해 느끼는 감정과 판단이 달라진다.

이런 의미에서 기억을 '고집'이라 부를 수 있어 보인다. 많은 경험을 보유한 성인이 같은 일을 오랜 세월 반복해왔다면 어떨까? 그 고집은 매우 견고해질 것이다. 객관적 시각을 기대하기 어렵다. 이제껏 자신을 생존하도록 도왔던 훌륭한 기억을 쉽게 버리지 못한다. 그렇기 때문에 쉽게 변화하지 못하는 것이다.

적합한 환경을 제공하면 변화할 수 있다

- 어떤 환경이 필요한지 고민하라

사회 속에서 인간 행동을 설명하고 예측하기 위한 사회심리학은, 조직행동론의 토대가 된다. 가장 대표적인 학자였던 쿠르트 레빈은 인간 행동을 환경과의 상호작용으로 간단한 방정식을 활용해 설명했다.

$$B=f(P*E)$$
Behavior, 행동 / Personality, 개인적 특징 / Environment, 환경

이 공식은 어떤 개인이 특정한 행동을 하도록 이끌려면, 적합한 자극인 환경을 제공함으로써 가능하다는 점을 의미한다. 인간을 미분할 수는 없지만, 행동에 필요한 3가지 구성요소인 역량Capability, 의욕Motivation 그리고 태도Attitude로 나눌 수 있다. 각각의 요소에 어떤 환경을 제공하면 바뀔 수 있을까?

첫째, 역량이다. 일터에서 새로운 직무를 성공적으로 수행하기 위해서는 지식과 스킬이 필요하다. 이는 적절한 경험과 교육 과정, 코칭과 피드

백을 통해 향상할 수 있다. 신규 직원이나 직무가 전환된 구성원의 경우, 초기에 제공되는 육성프로그램이 매우 효과적이다. 문제는 어느 정도 시간이 흐른 뒤에는 의도적인 교육과 훈련을 제공해도 쉽게 바뀌지 않는 '학습곡선의 정체기'가 도래한다. 역량 개발 지원의 골든타임은 초기 전환기라는 점에 주목하기 바란다. 이처럼 역량은 리더가 제공하는 환경에 따라 충분히 변화할 수 있다.

둘째, 의욕이다. 의욕은 하루에도 여러 번 변동 가능성이 높은 감정과 관련이 깊다. 리더와의 상호작용 속에서 관찰되는 말과 행동이 긍정적으로 자극할 수도 있고, 실망과 좌절하도록 만들기도 한다. 리더십 프로그램에서 감성 지능과 칭찬과 인정 등을 비중 있게 강조하는 이유도 비슷하다. 대부분의 사람들은 '몰라서 못하는 것'보다는 '알지만 하기 싫은' 경우들이 많다. 특정한 행동의 중요성과 필요성, 그 의미를 명확하게 알게 되면 보다 의욕적으로 몰입할 수 있다. 무엇보다 매력적인 보상은 접근 동기를 자극하여 의욕을 높이기도 한다. 의욕은 가장 쉽고 빠르게 변화할 수 있는 요소다.

셋째, 태도이다. 아마도 가장 변화하기 어려운 것이 태도와 가치관이다. 오랜 시간 축적된 기억과 관련이 깊은 요소이기 때문이다. 그럼에도 희망은 있다. 노사관계의 갈등이 심한 현장에서 협상을 진행하면, 고성과 물리적 충돌이 오가는 등 매우 불편한 장면을 보게 된다. 주로 공장의 품질교육장이나, 회의실에서 진행하다 보니 복장이나 표정 그리고 표현방식이 다소 거칠게 보이곤 한다. 동일한 협상을 시내 중심에 있는 호텔에서 하면 어떻게 될까? 양측 모두 단정히 차려입은 정장이나 비즈니스 캐주얼에, 세련된 매너를 지키는 모습을 어렵지 않게 볼 수 있다. 장소만 바꾸었는데 행동의 변화를 이끈 셈이다. 어렵지만, 분명 태도 변화를 이끌 수 있다. 상대방의 완벽한 행동은 바꾸기 어렵더라도, 함께 협업하는 상황에서는 적어도 약속한 행동을 실천하도록 유도할 수 있다.

- 바람직한 행동 유도를 위한 6 Box 모델

심리학자 토마스 길버트Thomas F. Gilbert는 조직의 목표달성에 필요한 구성원의 바람직한 행동을 유도하는 '수행공학Performance Engineering'이라는 개념을 제시했다. 이후 칼 바인더Carl Binder는 6박스 모델을 통해 개인의 수준에 따라 어떤 환경을 제공할지 체계적으로 제시했다.

	스킬과 지식 (Skills & knowledge)	업무 분장 (Selection & Assignment)	동기와 열정 (Motives & Preferences)
개인 차원 (P)	• 구성원이 희망하는 직무를 수행하는 데 필요한 지식, 경험, 기술을 보유한 정도	• 구성원의 관심과 업무 수행 역량에 따라 업무가 적합하게 배분되었는지 여부	• 구성원의 동기/선호가 직무 및 업무 환경과 일치하는 정도
	기대와 피드백 (Expectations & Feedback)	인적/물적 자원 (Tools & Resources)	공정한 평가와 보상 (Consequences & Incentives)
환경 차원 (E)	• 구성원의 성과 향상을 위해 역할과 수행에 대한 기대를 명확히 정의하고 수행 과정에 대한 피드백 제공	• 직무 수행에 필요한 자원, 도구와 시간 제공 • 프로세스와 절차에 대해 명확히 정의 • 안전하고 청결한 업무 환경 제공	• 재무 또는 비재무적 보상 제공 • 직무 확대 및 충실화 • 경력개발 기회 제공

누군가를 완전하게 변화시키는 것은 개인의 능력 밖의 일이다. 오롯이 선택은 자신에게 달려있다. 다만, 리더 입장에서 팀 구성원에게 바람직한 행동에 대해서 명확하게 기대치와 피드백을 전달하고, 실행 과정에 필요한 자원을 제공하고, 공정한 평가와 보상을 제공한다면 최선의 노력을 다했다고 볼 수 있다.

행동강화의 원리 ABC 모델

인간 행동은 자극과 반응의 결과로 볼 수 있다. 역사학자 아놀드 토인비도 인류의 역사를 '도전과 응전의 과정'으로 비유했다. 과학에서도 힘과 에너지 역학을 통해 작용과 반작용의 원리로 자연현상을 설명한다. 이처럼 모든 행동에는 이유, 동기가 있다. 행동을 유발할 수 있는 어떤 자극Antecedents이 있었기 때문에, 행동Behavior이 나타난 것이다.

리더는 구성원의 바람직한 기대행동Behavior을 위해, 선행자극Antecedents에 시간과 노력을 할애해 왔다. 예를 들어, 더 높은 성과 창출과 성장을 위해 '협업'을 해야 한다는 '필요성과 시급성' 등을 소통했다. 그리고 협업을 잘 하게 되면 얻게 되는 '이익'과 못 하는 경우 잃게 되는 '손해'를 강조했다. 다시 말해, 행동을 유발하는 접근동기와 회피동기를 자극하는 데 집중했다. 덕분에 구성원들의 다수는 어떤 행동이 바람직한지, 기대치를 잘 이해하고 있다. 다만 무언가를 시작하는 것은 그리 어렵지 않지만, 용두사미가 되는 경우들이 많다.

특정한 행동을 시작하게 이끄는 자극은 꼭 필요하지만, 그 행동을 지속하는 것까지 보장하지는 못한다. 예를 들어 신년 계획으로 '금연과 금주'의 중요성에 공감하고 실천을 다짐하는 사람들은 많지만, 실천을 지속하는 사람들은 적다. 소위 '작심삼일'은 우리에게 너무나 친숙하다.

건강에 해로운 것을 알고 있음에도 불구하고, '흡연'을 지속하는 이유는 무엇일까? 담배는 분명 나쁘지만, 주위에 지독한 애연가였던 친척 어르신께서 지금도 건강하게 장수하고 있는 경우도 있다. 폐암 발병 가능성은 있지만, 그 일이 나에게 일어날 것이 분명하지 않기 때문이다. 설령 폐암 확률이 매우 높더라도, 지금 당장 일어나지 않기 때문이다. 반대로 담배를 피우게 되는 이유는 명확하고 확실하기 때문이다. 긴장과 스트레스가 높은 일상에서, 담배를 한 대 피우게 되면 즉시 심신이 이완되는 느낌을 맛볼 수 있기 때문이다. 과거에도 그랬지만, 앞으로도 변함없이 '즉시' '확실'하게 '긍정'의 결과를 줄 것이라는 확신이 있기 때문이다.

이처럼, 행동을 시작하게 하는 자극과 행동을 지속하게 만드는 요소가 다르다. 접근동기와 회피동기의 자극을 통해 특정한 행동을 시작하게 이끌 수는 있다. 하지만 습관과 문화로 만들기 위해서는 '행동을 지속하게 만드는 활동'에 더 많은 비중을 두어야 한다. 행동 이후에 반응으로 볼 수 있는 '결과Consequence'를 제공하는 것은, 긍정적 행동의 지속을 유발하는 '새로운 자극'으로 기능한다.

모든 인간은 긍정적 보상Rewards이 뒤따르게 되는 행동을 반복하기 쉽다. 그 보상은 '자신의 입장에서 만족스러운 것'이어야 한다. 보상은 가능한 '즉시' 이루어져야 한다. 그래야 행동으로 인한 결과라고 인식할 수 있다. 또한 언제나 예외 없이 '확실'해야 한다.

이것이 레슬리 박사Leslie W. Braksick가 제시한 행동강화에 대한 ABC모델이다. 선행자극(A)을 통해 바람직한 행동(B)을 유도하고, 긍정적인 결과(C)를 경험하도록 이끄는 방법은 매우 효과적이다. 완전한 변화가 아니더라도, 반복Repeat을 통해 기억Remember하도록, 강화Reinforcement해서 새로운 행동 습관Routine을 만들도록 돕는다.

2 　　행동 변화의 시작을 이끄는 선행자극(A)은 어떻게 만들까?

| 기대행동을 구체적으로 핀포인팅(Pin Pointing) 하라 |

바람직한 조직문화를 위해, 구성원의 행동에 대한 가이드라인을 제시할 때 구체적일 필요가 있다. 하지만 대부분의 조직이 지향하는 핵심가치와 인재상을 살펴보면, '도전, 최고 지향, 존중, 창의, 혁신, 협업' 등 추상적 개념을 선언하는 수준으로 제시하는 경우가 많다.

- 서로 적극적으로 협력해야 한다.
- 새로운 시도를 해야 한다.
- 끊임없이 학습해야 한다.
- 상호 존중과 배려해야 한다.

· 창의적으로 사고해야 한다.

이럴 경우, 해석하는 사람의 주관에 따라 차이가 존재할 수 있다. 누가 봐도 동일하게 이해할 수 있도록, 구체적인 행동으로 묘사해야 한다. 이를 위해 측정과 관찰이 가능한 형태로 제시하는 것이 필요하다.

예를 들어, 안전관리와 정도경영, 존중과 협업 등에 대해 구체적인 행동규범을 제시할 수 있다. 해야 할 행동과 하지 말아야 할 행동을 리스트로 만들어 제시하기도 한다. 사진이나 일러스트, 동영상 등을 통해 시각적 정보를 함께 제공하면 더욱 효과적이다.

너무 많은 행동을 열거하면, 진짜 중요한 핵심이 무엇인지 드러나지 않을 수 있다. 이를 위해 핵심행동을 도출하고, 초점을 맞추는 핀포인팅 과정이 필요하다. 효과적인 핀포인팅을 위해, 다음의 4단계를 따라 적용하기 바란다.

1단계	조직문화의 목표 정의	· 궁극적으로 도달하고자 하는 결과 모습을 명확히 설정한다. 예) 적극적 협업 문화 구축
2단계	행동 리스트 작성	· 결과를 달성하기 위해서 현재 실천하고 있는 행동이 무엇인지 모두 리스트업 한다. 예) 회의 참석, 정보 공유, 자료 공유, 아이디어 제공 등
3단계	핵심행동 선택	· 실천하고 있는 행동 중 가장 핵심적인 행동이 무엇인지 선택한다. 예) 문제해결에 대한 경험과 지식을 충실히 공유한다.
4단계	핵심행동 수준 기술	· 선택한 핵심행동의 구체적인 실천 방법과 수준을 정의한다. 예) 동료의 지원 요청을 받은 후 24시간 이내에 니즈를 확인하고, 48시간 이내에 적합한 자료와 노하우를 1페이지 이내로 요약하여 설명하고, 질문에 대한 답변을 제공한다.

회피동기보다는 접근동기를 자극하라

미국의 심리학자 토리 히긴스는 인간의 동기를 '접근'과 '회피'로 구분하여 설명했다. 접근은 도달하고 싶은 강한 열망을 말하며, 회피는 두려움과 공포로 볼 수 있다. 예를 들어, 접근동기는 '칭찬받기 위해' 공부하는 것으로 볼 수 있고, 회피동기는 '혼나지 않기 위해' 공부하는 것으로 설명할 수 있다. 행동은 동일하지만, 이유는 전혀 다른 셈이다.

아주대 김경일 교수는 한국사회의 집단 속 행동 특징은 '접근동기'가 아니라 '회피동기'가 지배적이라는 점을 지적한다. 상당수의 사람들이 '욕먹지 않기 위해서, 실패하지 않으려고' 조심스럽게, 기본만 하자는 방식으로 최선을 다해 몰입하기보다는 '적절한 타협 수준'으로 행동한다는 점을 꼬집었다.

특정한 행동이 성공했을 때 '접근동기'에 의한 경우는 '기쁨'을 느끼고, '회피동기'에 의한 경우는 '안도감'을 느끼게 된다. 반대로 실패했을 때 '접근동기'에 의한 경우 '슬픔'을, '회피동기'에 의한 경우 '불안감'을 갖게 된다. 달리 표현하자면, '회피동기' 때문에 특정한 노력을 하는 경우 성공해봐야 '안도감'이 최대이고, 대부분 '불안감' 속에 살아야 함을 의미한다. 그러므로 '접근동기'가 장기적으로 효과적이다.

인간의 보편적인 접근동기는 보상이 첫 번째이다. 어떤 행동의 대가로 받게 되는 보상이 매력적일 때, 의욕을 자극할 수 있다. 외적 보상뿐 아니라, 내적인 측면의 성취감과 성장감 그리고 의미가 높을 때도 동기를 유발할 수 있다. 이외에도 바람직한 행동을 시작하기 위한 교육을 실시하거나, 중요성을 자극하는 감성적 캠페인을 예로 들 수 있다. 그리고 인사평가에 가점을 반영하거나, 포상의 기준으로 제시할 수도 있다.

| 　행동을 유발하는 넛지(Nudge)를 활용하라　 |

"말로 가르치면 아랫사람이 따져 묻지만, 몸으로 가르치면 알아서 따라온다.(以言敎者訟, 以身敎者從)"는 격언이 있다. 부모와 교사는 자녀와 제자가 올바로 성장하도록 '좋은 의도'를 가지고 가르치지만, 듣는 입장에서는 '맞지만 기분 나쁜 잔소리'로 생각하는 경우가 많다. 이는 '좋은 의도'만으로는 누군가를 가르치고 바꾸기 쉽지 않음을 말해준다. 다시 말해 '좋은 의도'를 적절히 담아낼 수 있는 '적합한 형식'도 갖추어야 함을 의미한다. 오히려 말이 아닌 다른 자극을 통해서 무언의 메시지를 전달하는 것이 효과적일 때도 있다.

한 예능 프로그램에서 실험을 했다. 엘리베이터를 탄 남자 주변에, 새롭게 탑승하는 사람들이 미리 약속한 대로 문과 다른 벽면을 향해 서기 시작했다. 계속 탑승하는 사람들이 예외 없이 자신과 정반대로 서 있는 모습을 보며 남자는 당혹스러운 표정을 짓는다. 이후 얼마 지나지 않아, 그 남자는 다른 사람들과 같은 방향으로 돌아선다.

이 실험은 1962년 미국의 사회심리학자 솔로몬 애쉬Solomon Asch가 진행했던 동조실험을 우리나라에서 재현한 것이다. 결과는 비슷했다. 집단 속에 있는 개인은 타인의 행동에 영향을 받고 따라 하는 경향이 있다. 집단 지향성은 인간의 본능이며, 동료들의 무언의 압박Peer Pressure이 행동에 영향을 주기 때문이다. 다시 말해, 집단의 분위기에 따라 긍정적 또는 부정적 영향을 받을 수 있다.

좁은 엘리베이터 공간에서 누구와도 대화를 나누지 않았지만 남자는 시각적 정보를 통해 나름의 메시지를 읽은 것이다. 이게 바로 넛지이다. 넛지란 '누군가를 팔꿈치로 슬쩍 찌르는 행동'을 부르는 표현이다. 행동경제학자들은 넛지를 개인이나 집단의 의사결정과 행동을 간접적으로 유도하는 전략으로 사용한다. 사람들의 행동을 자신이 원하는 방향으로 유도는 하지만, 직접적인 명령이나 지시를 하지는 않는다.

· 화장실 소변기의 파리 모양
· 버스 정류장 노선별 탑승 줄 서기 위치 바닥 표시
· 교차로 회전 차로 준수를 위한 길 안내 바닥 표시

- 어린이 교통사고 예방을 위한 옐로우 카펫 설치
- 쓰레기 분리수거 촉진을 위한 색깔 차별화
- 건강한 식습관 강조를 위해 패스트푸드 칼로리 표시
- 계단 이용을 촉진하기 위해, 피아노 건반 소리가 나는 계단 설치
- 엘리베이터 지연 불만을 막기 위해, 거울과 광고 디스플레이 설치

구글은 공동 작업과 협업 촉진을 위한 다양한 공간을 설계해 왔다. 사무 공간, 회의실, 휴게실, 대화 코너 등을 설계할 때 '개방감'을 높여 상호 협력과 창의성을 촉진하고자 했다. 구성원들이 서로 소통할 수 있도록 유도했다. 무의식적으로 접촉의 빈도를 높이도록 동선을 설계했다.

예를 들어, 식당을 크게 만들어 함께 공간을 공유하도록 한다. 엘리베이터를 없애고, 에스컬레이터를 만들어 이동 중에 자주 얼굴을 볼 수 있도록 설계한다. 보통의 경우, 눈이 마주치게 되면 가볍게 웃으며 인사를 건네게 된다. 이후 평소 전화와 이메일로 협업했던 상대방이, 알고 보니 '늘

자주 마주쳤던 이름 모를 동료'였다는 사실을 확인하고 '친밀한 관계, 신뢰하는 관계'로 발전하기도 한다. 이때부터 일은 훨씬 수월하게 진행될 가능성이 높아진다. 이처럼 '무의식적으로 접촉할 수 있는 빈도'를 높이도록 설계하는 것도 효과적인 자극이 될 수 있다.

3

변화행동을 지속하도록 촉진하는 결과(C)는 어떻게 제공할까?

| 결과의 효과성 확보를 위한 3가지 요건 |

행동에 대한 반응으로 돌아오는 결과란 피드백을 의미한다. 특정 행동을 했을 때, 긍정적 피드백과 부정적 피드백 중 어떤 피드백을 받는지가 중요하다. 만약 바람직한 행동이라면, 이를 지속하기 위해서 긍정적 피드백을 제공해야 한다. 예를 들어, 칭찬과 인정 등의 보상을 할 수 있다. 반면 바람직하지 못한 행동으로 중단이 필요하다면, 부정적 피드백을 제공해야 한다. 예를 들어, 기존에 누리던 혜택을 소거하거나 벌을 줄 수 있다. 피드백이 효과적이려면, 다음의 3가지 모두를 충족해야 한다.

첫째, 행위를 한 상대방 입장에서 생각해야 한다.

'좋은 의도'에 머물러서는 안 된다. 즉 피드백을 제공하는 리더 입장이 아니라 구성원 입장에서 '좋아하거나 바라던 것'이어야 한다. 보편적 관점이 아니라 구체적으로 맞추어야 할 필요가 있다. 부정적인 것도 마찬가지이다. 관심을 갖고 상대방을 관찰하여 정보를 파악할 수 있다.

둘째, 가능한 한 즉시 피드백이 제공되어야 한다.

바람직한 기대행동이 끝나고 최대한 빠른 시간 안에 피드백을 제공해야 한다. 그래야 그 행동에 의한 결과라는 확실한 인과관계의 메시지를 줄 수 있다. 먼 미래에 주어진다면, 효과성을 기대할 수 없다. 디지털 네이티브의 경우, 현재의 단기적 관점을 더욱 중요하게 생각하는 경향이 높다.

셋째, 예외 없이 확실해야 한다.

언제나 예외 없이 기대하는 결과를 얻을 수 있어야 한다. 조건이 너무 까다롭거나 엄격해서 종종 기대한 결과를 제공받지 못한다면, 확실성이 낮아지게 된다. 약속한 조건을 충족했다 하더라도, 다른 이유로 결과를 제공하지 않게 되면 신뢰도가 낮아진다. 규칙 위반에 대한 조치도 마찬가지다. 예외가 많으면, 원칙을 신뢰하지 않는다.

<행위자 입장에서 즉시/확실한 결과를 경험하면 행동을 지속하거나 중단할 수 있다>

행동 Behavior	초래하는 결과 Consequence	긍정/ 부정	즉시/ 미래	확실/ 불확실
담배를 피운다.	심리적 이완이 된다.	긍정	즉시	확실
	담배 맛이 난다.	긍정	즉시	확실
	사람들이 싫어한다.	부정	즉시	불확실
	사망한다.	부정	미래	불확실
운동을 안 한다.	건강이 나빠진다.	부정	미래	확실
	살이 찐다.	부정	미래	불확실
	미디어 콘텐츠를 본다.	긍정	즉시	확실

사회적 보상을 발굴하여 제공하라

리더 입장에서 무언가를 보상할 때 재무적 관점을 위주로 생각하기 쉽다. 주로 선물이나 인센티브 등을 떠올려 볼 수 있다. 이런 보상을 전달할 때 중요한 것은 메시지다. 리더가 보상의 의미를 명확히 밝히고 난 후에 전달하는 것이 효과적이다.

예를 들어, 회사 차원에서 전 직원에게 창립 기념 특별 격려선물로 소정의 상품권을 지급하게 된 상황이다. 이때 전 직원을 잠시 모이도록 안내한 후 격려선물 지급의 배경과 의미에 대해서 짧지만 명확하게 메시지를 전달하고 한 명 한 명에게 직접 전달하는 것이 효과적이다.

만약 경제적 가치에 대한 보상 위주로 생각한다면, 충분한 예산 없이는 아무것도 줄 것이 없다고 생각하게 된다. 하지만 비재무적 측면까지 포함해 보면 리더가 줄 수 있는 것은 생각보다 많다. 권한 위임과 자율성을 부여할 수 있고, 교육과 프로젝트 참가에 대한 결정권도 갖고 있다. 다행히 구성원 입장에서도 금전적 보상이 유일한 관심사는 아니므로, 의미 있는 보상을 발굴할 수 있다.

보상의 초점이 집단 관점에서 '의미' 있는 것이면 무엇이라도 가능하다. 이것이 '사회적 보상'이다. 상대방의 헌신과 탁월함에 대해, 칭찬하고 인정할 수 있는 '의미를 부여한 상징'을 수여할 수도 있다. 예를 들어, 상패와 표창장, 훈장이나 군인들이 패용하는 약장略章, Service Ribbon이 있다. 우리 팀 고유의 칭찬과 포상의 리추얼을 만들어도 좋다.

| 문제행동에 대해 조치하기 |

- 신뢰하고 용서하라

미국의 정치학자 로버트 엑셀로드Robert Axelrod는 1980년대 초 컴퓨터 시뮬레이션을 통해서, 상대방과 협력할 것인지 배반할 것인지를 선택하는 의사결정 게임을 개최했다. 전 세계의 다양한 참가자가 게임에 참여했다. 반복되는 라운드를 통해 최고 점수를 올린 전략이 '팃포탯tit for tat'이었다.

원칙은 간단했다. 첫째, 일단 신뢰를 바탕으로 상대방과 협력한다. 둘째, 상대가 배반하면 즉시 보복한다. 마지막으로, 상대방이 잘못을 빌면 용서하고 다시 협력한다.

원리도 간단했다. 고대 메소포타미아 함무라비 법전의 '눈에는 눈, 이에는 이'라는 원칙과 동일했다. 만약 누군가에게 해(害)를 가했다면, 동일한 만큼의 처벌을 한다는 규칙이다. 구성원 모두가 약속한 규칙을 위배했기 때문에 철저하게 응징했다. 중세시대 단두대의 처형은 모든 시민들이 볼 수 있는 광장에서 이행되었다. 싱가폴의 경우, 태형을 아직 유지하고 있다. 구성원에게 명확한 메시지를 주는 것이 중요하다고 판단했기 때문이다. 이는 사회집단이 추구하는 공정성과 신뢰를 유지하기 위한 방법이었다.

너무 단호한 인상이 들기도 하지만, 상대방 또는 구성원을 '먼저 신뢰하는 것'이 첫 번째 원칙이라는 점과 '잘못을 돌이키고 용서를 구하면 다시 신뢰하라'는 포용적 관점을 반영하고 있음에 주목해야 한다. 다양한 사람들과의 협력을 촉진하기 위한 시사점이 있다.

- 문제행동에 대해서는 반드시 조치하라

문제행동이 있거나 지속되는 상황에도 리더가 개입하지 않고 있다면 구성원들은 '공정성'이 훼손되었다고 생각하게 된다. 리더가 인지하고도 조치를 주저하고 있다면 '굿가이 콤플렉스Good guy complex'를 경계해야 한다. 리더는 책임에서 자유로울 수 없다. 모두를 위해서 반드시 개입을 해야 한다. 중단이 필요한 문제행동인 경우, 미리 약속한 기준에 따라 조치해야 한다. 명시적 기준이 없더라도, 기존의 문화를 훼손한다면 분명히 경고해야 한다.

개선을 요구했음에도 불구하고 구성원의 문제행동이 지속된다면, 성과 수준이 낮거나 태도의 문제로 다뤄서는 안 된다. 상사의 정당한 지시를 따르지 않는 '명령 불복종'으로 심각하게 다루어야 한다. 이때부터는 직속 상사와 인사 부서의 도움이 필요하다.

"이 대리님, 이번이 벌써 3번째 과제 보고 일정을 지키지 않았다는 사실 알고 계시지요?"

"제 도움이 필요한 부분이 있다면 말씀달라고 했는데, 아무런 반응이 없었습니다."

"어제 제가 분명히 마지막 기회라고 했는데, 기억나시나요?"

"저는 아무리 생각해도, 저를 무시하는 것으로밖에 생각이 나지 않는데요. 제가 오해한 건가요?"

"제가 오해하지 않도록 설명해 주세요."

"상사의 정당한 노무지휘권을 따르지 않은 명령 불복종에 해당됨을 알려드립니다. 이해되시나요?"

"현재까지의 상황에 대해서, 시말서(또는 사유서)를 내일까지 제출해주세요."

"이후의 절차는 본부장님과 상의해서, 인사 부서의 기준에 따를 예정이니 참고하세요."

대화의 내용이 매우 불편하다. 성과 수준이 높고, 단호한 원칙으로 조직을 운영하는 기업에서는 가끔 볼 수 있는 상황이다. 그러나 최근 일터 문화가 변화하며 이런 경우가 꾸준히 증가하고 있다.

리더를 힘들게 하는 까다로운 구성원들을 보면, 이미 '문제 직원'으로 널리 알려진 경우가 다수이다. 바꾸어 말하자면, 리더의 노력으로 불가능한 상황이라는 점이다. 이때 필요한 전략이 에스컬레이션이다. 상위 리더와 인사팀의 공동 책임을 강조하며, 대안 수립 또는 상황 해결을 위한 도움을 공식적으로 요청하는 것이 가장 효과적 방법이다.

일부 상위 리더는 이슈를 회피할 수도 있다. 동일한 상황을 효과적으로 극복하는 것도 '리더의 역량'이라고 책임을 돌릴 수도 있다. 이때는 '리더로서 역할 수행의 고충'을 꾸준히 호소해야 한다. 상황을 조정해주지 못하면, 리더 역할을 지속하기 어렵다는 강수를 두는 방법도 고려해야 한다. 상위 리더도 공동 책임에서 자유롭지 못하다는 점을 느끼게 해주어야 한다.

누군가의 행동이 완전히 바뀌기는 어렵더라도, 적합한 환경과 자극을 제시하면 다양한 사람들과 공존하면서 시너지를 낼 수 있는 바람직한 행동을 보일 수 있다. 적어도 함께하기 위한, 기대행동과 약속을 지킬 수 있다. 종종 문제행동의 교정에 있어서 논쟁을 유발하는 일방적 요구보다 자연스럽게 실천을 이끄는 넛지를 형성하는 것도 좋은 전략이 될 수 있다. 구성원의 행동을 시작하게 하는 자극도 중요하지만, 이를 지속하게 하는 측면에 더 많은 관심과 노력을 기울일 필요가 있다.

에필로그

"왜 일하는가?"라는 질문이 금기어가 되어 버린 일터에서 스스로에게 물어본다. 우리가 속한 일터와 삶터의 다양한 조직은 각자의 간절한 기대를 실현하기 위해 만들어졌다. 그리고 구성원 모두는 더 나은 세상과 나의 모습에 대한 바람을 갖고 여기에 참여했다. 하지만 바쁜 현실은 목적과 수단을 혼돈스럽게 만들었다. 그 순서와 관계를 명확하게 설명하지 못하면, 삶은 더욱 퍽퍽해지고 혼돈스러워진다.

현실은 꿈과 늘 괴리되어야 하는지 모르겠다. '과연 바뀔 수 있을까?', '절대로 바뀌지 않는다.'는 실망 섞인 넋두리가 입버릇처럼 자연스럽다. 체념과 단념 없이는 안정적 일상을 이어 나가기 어려워 보인다. 견고한 기존의 입장만 고수해서는 합의를 이루기 어렵다. 꿈과 현실의 양립을 위해, 타협하고 절충하는 논의 과정이 필요하다.

리더와 구성원도 그렇다. 리더는 조직의 목표달성이 유일한 존재 목적이라고 생각해서는 안 된다. 이를 실현하는 구성원의 개인적 기대, 다수가 시너지를 발휘하도록 이끄는 것까지 놓치지 말아야 한다. 구성원도 조직과 동료에게 도움을 제공하는 '이타적 행동'이, 자신에게 가장 도움이 되는 '이기적 결과'를 만든다는 사실을 기억해야 한다.

'그래도 삶은 아름답다!' 우리가 속한 모든 조직의 구성원들은 선한 양심을 갖고, 변함없이 '좋은 의도'를 실현하고자 애쓴다는 점을 믿는다. 사람도 바뀔 수 있고, 조직도 변화될 수 있다는 믿음은 버리고 싶지 않다.

'나 하나 바뀌어 무슨 변화가 있을까?' 의심하지 말아야 한다. 사소한 표정과 말투 하나 바뀌어도, 금세 변화를 알아차릴 수 있다. 상대방도 '좋은 의도'가 있음을 신뢰하자. 나를 포함해 세 사람을 목표로 삼아도 좋다. 그렇게 눈덩이 뭉치듯 과반수를 넘기는 순간, 극적인 변화가 일어나는 '티핑 포인트'를 경험할 수 있다.

오랜 역사 속에서 생존과 번영을 이끌어 왔던 원동력에 주목해 보자.

혼자 생각하는 꿈은, 공허한 망상이나 몽상이 되어 버린다. 지금 당장은 보이지 않지만 마치 실재하는 것처럼 함께 믿고, 꿈에 대한 이야기를 나누는 사람들이 늘어가면 현실이 될 수 있다. 단기간에 이루기 어렵다는 점에서 긴 호흡이 필요하다. 부디 포기하지 말고, 끝까지 지치지 않기를 응원한다.

참고문헌

가인지캠퍼스 컨설팅 연구소, 김경민, 김수진, 신주은(2020). "OKR 파워", 가인지북스

김태형(2022). "싸우는 심리학: 한국 사회를 읽는 프레임, 에리히 프롬 다시 읽기", 서해
　　문집

마크 프렌스키(Marc Prensky)(2001). "Digital Natives, Digital Immigrants", MCB
　　University Press, Vol. 9 No. 5

박문호(2017). "박문호 박사의 뇌과학 공부", 김영사

박정열, 김진모(2019). "지식근로자의 일터학습민첩성 진단도구 개발", HRD연구. Vol
　　21. 4호, 115-152

봉현철(2011). "성공하려면 액션러닝하라", 행성B

오세진(2016). "행동을 경영하라", 학지사

유호현(2019). "이기적 직원들이 만드는 최고의 회사", 스마트북스

이치민(2021). "긱 이코노미 시대의 리더와 찐팀이 일하는 방식, 협업", 피플벨류HS

이치민(2022). "넥스트 제너레이션 리더십", 활자공방

이치민(2023). "리더의 하이터치 소통 스킬", 피플벨류HS

임창희(2018). "조직행동", 비앤엠북스

정재삼(2006). "수행공학의 이해", 교육과학사

조동화(2013). "나 하나 꽃 피어", 초록숲

채홍미(2014). "소통, 공룡을 표범처럼 날렵하게 만든다", 동아비즈니스리뷰. 152호

최중락(2022). "조직행동과 조직설계", 상경사

대니얼 레비(Daniel Levi)(2010). "팀워크 심리학" (정명진 옮김), 부글북스

대니얼 카너먼(Daniel Kahneman)(2018). "생각에 관한 생각" (이창신 옮김), 김영사

로버트 레버링(2002). "훌륭한 일터" (이관응 옮김), 엘테크

로버트 치알디니(Robert B. Cialdini)(2013). "설득의 심리학" (황혜숙 옮김), 21세기북스

로져 슈워즈(2003). "퍼실리테이션 스킬" (봉현철 옮김), 다산서고

리처드 탈러, 캐스 선스타인(2022). "넛지: 파이널 에디션" (이경식 옮김), 리더스북

마이클J.마쿼트(2000). "액션러닝" (봉현철 외 옮김), 21세기북스

메이슨 커리(2014). "리추얼" (강주헌 옮김), 책읽는수요일

미하이 칙센트미하이(Csikszentmihalyi)(2004). "몰입 flow 미치도록 행복한 나를 만난
　　다" (최인수 옮김), 한울림

스티브 매코널(2022). "애자일 조직은 이렇게 일합니다" (백미진 옮김), 인사이트

에드워드 홀(2013). "에드워드 홀 문화인류학 4부작 1: 침묵의 언어" (최효선 옮김), 한
　　길사

에드워드 홀(2013). "에드워드 홀 문화인류학 4부작 3: 문화를 넘어서" (최효선 옮김),
　　한길사

에버렛 M.로저스(Everett M. Rogers)(2005). "개혁의 확산" (김영석 등 옮김), 커뮤니케
　　이션북스

유발 하라리(Yuval Noah Harari)(2015). "사피엔스" (조현욱 옮김), 김영사

이시즈카 시노부(2014). "아마존은 왜 최고가에 자포스를 인수했나" (이건호 옮김), 북
　　로그컴퍼니

존 코터(John. P. Kotter)(2007). "기업이 원하는 변화의 리더" (한정곤 옮김), 김영사

존도어(2019). "OKR" (박세연 옮김), 세종서적

짐 로허, 토니 슈워츠(2022). "몸과 영혼의 에너지 발전소" (유영만, 송경근 옮김), 한언

캐스퍼 터 카일(2021). "리추얼의 힘" (박선령 옮김), 마인드빌딩

코이 뚜(2014). "슈퍼팀" (이진구 옮김), 한국경제신문사

톰 피터스(Thomas J. Peters), 로버트 워터먼(Robert H. Waterman, Jr.)(2005). "초우량
　　기업의 조건" (이동현 옮김), 더난출판사

패트릭 M. 렌시오니(2007). "팀이 빠지기 쉬운 5가지 함정" (서진영 옮김), 위즈덤하우스

피터 F. 드러커, 프랜시스 헤셀바인, 조안 스나이더 컬(2017). "피터 드러커의 최고의 질문" (유정식 옮김), 다산북스

피터 센게(2014). "학습하는 조직" (강혜정 옮김), 에이지21

Anderson, Lorin W., and David R. Krathwohl, eds(2001). "A Taxonomy for Learning, Teaching, and Assessing: A Revision of Bloom's Taxonomy of Educational Objectives", Addison Wesley Longman, Inc.

Asch S. E.(1956). "Studies of independence and conformity: I. A minority of one against a unanimous majority", Psychological Monographs, 70, 1-70

Bruce Tuckman(1965). "Developmental sequence in small groups ", Psychological Bulletin

D. Kolb(1984). "Experiential Learning experience as a source of learning and development", New Jersey, Prentice-Hall

Gervase R. Bushe, Robert J. Marshak(2015). "Dialogic Organization Development: The Theory and Practice of Transformational Change",Berrett-Koehler Publishers

Hackman, J. R.(1987). "The design of work teams", Handbook of organizational behavior. 315-342

McKinsey and Company(2008). "Enduring Ideas: The 7-S Framework", McKinsey Quarterly

Meyer, J. P., & Allen, N. J.(1997). "Commitment in the workplace: Theory, research, and application",Sage Publications, Inc.

Quinn, R. and Rohrbaugh, J.(1983). "A Spatial Model of Effectiveness Criteria: Toward a Competing Values Approach to Organizational Analysis. ",Management Science, 29, 363-377.

Sull, Donald; Sull, Charles; Bersin, Josh(2020). "Five Ways Leaders Can Support Remote Work", MIT Sloan Management Review. 61(4):1-10